꼬리에 꼬리를 무는
광고 이야기

광고의 역사부터 광고 리터러시까지
남들과 다른 아이디어는 어떻게 낼 수 있을까?

꼬리에 꼬리를 무는
광고 이야기

정상수
지음

주니어태학

광고는 재밌습니다. 광고에는 유명한 모델, 멋진 그래픽, 신나는 음악도 나오죠. 유익하거나, 연출이 뛰어나거나, 재밌는 광고일수록 소비자의 이목을 끌어 금세 유명해지곤 합니다. 소비자의 입소문을 탄 기업의 제품은 몇 년이 지나도 소비자의 기억에서 잊히지 않습니다. 콜라나 오렌지 맛 음료수를 생각해 보세요. 머릿속에서 자연스럽게 맴도는 제품의 CM송이 있을 것입니다. 가끔 친구들과 오래전에 출시된 제품에 관해 이야기하며 당시의 추억을 떠올리기도 하잖아요. 이처럼 광고는 단순히 기업의 판매를 위한 수단이 아닌, 사람들의 삶에 기쁨을 주는 동반자입니다.

그뿐인가요? 광고는 유용한 제품이나 서비스를 소개해 생활의 질을 높여 주기도 합니다. 기업들은 매출을 위해 새로운 제품을 개발하고, 소비자는 기업에서 판매하는 제품을 구매해 생활을 가꾸죠.

기업은 매출이 올라서 좋고, 소비자는 자신의 생활에 도움이 되는 제품이나 서비스를 가질 수 있어서 좋습니다. 이러한 선순환은 나라의 경제에도 큰 도움이 됩니다. 나라 안에서 원활하게 돈이 돌면 자연스럽게 국가 경제 또한 좋아져요. 광고는 기업과 소비자 그리고 국가를 연결하는 연결 고리인 셈입니다.

그렇다면 광고는 국가도 연결할 수 있겠죠? 전 세계를 뒤흔드는 한국의 노래와 드라마 같은 문화 콘텐츠들을 생각해 보세요. 이 모든 흐름은 광고가 없었더라면 존재하지도 못했을 것입니다. 광고 덕분에 한국의 브랜드도 성장할 수 있어요. 휴대폰 부문 세계 1위를 두고 경쟁하는 애플과 삼성, 세계적으로 인정받기 시작한 현대자동차와 기아자동차의 자동차 등 한국의 브랜드는 이제 세계를 무대로 활약하고 있어요.

광고를 알아두어야 하는 이유는 하나 더 있습니다. 광고는 제품만 다루지 않아요. 무형의 가치를 알리는 것 또한 광고의 역할입니다. 무형의 가치는 무엇일까요? 다양한 광고 중 하나인 공익 광고를 예로 들 수 있겠습니다. 산불을 조심하자거나, 전쟁을 반대한다거나, 보이스 피싱을 조심하자는 광고를 본 적 있을 거예요. 공익 광고에서 전달하는 가치가 당연하다고 생각할 수 있어요. 하지만 광고는 계속해서 사람들에게 공익적인 가치를 효과적으로 전파하고 있습니다. 무형의 가치를 반복적으로 보여 주면 사람들이 오랫동안 기억할 수 있기 때문입니다.

공익 광고 같은 가치를 전달하는 광고도 있지만 정치 광고나 기업의 이미지를 구축하기 위한 광고도 있습니다. 이는 광고의 특징을 효과적으로 이용하는 방법인데요. 정치인이나 기업은 짧은 시간에 소비자에게 강렬한 메시지를 전달하는 광고의 특성을 이용해 자신들의 이미지를 구축할 때도 광고를 이용합니다.

광고의 좋은 점만 말하니 단점이 하나도 없을 것 같나요? 천만에요. 좋은 광고가 있다면 나쁜 광고도 있습니다. 보이스 피싱도 나쁜 광고 중 하나죠. 광고의 정의가 '널리 알린다'는 뜻이니, 보이스 피싱도 타인에게 나쁜 영향을 널리 알린다는 점에서 광고입니다. 나쁜 광고는 보이스 피싱 뿐일까요? 제품의 효과를 일부러 부풀려서 광고하는 과대 광고 등 악성 광고는 차고 넘칩니다. 좋은 광고가 있고 나쁜 광고도 있으니 광고를 파악할 줄 아는 시각을 길러야 합니다.

광고가 무엇인지 알면 자연스럽게 광고를 보는 눈도 생깁니다. 무엇이 옳고, 그른지 구별할 수 있기 때문이죠. 광고를 보는 눈이 생기면 직접 광고를 만들 수도 있습니다. 광고 업계에서 일하고 싶다거나, 콘텐츠 관련 직업을 장래 희망으로 삼고 있다면 광고를 공부하지 않을 수 없겠죠. 광고를 만드는 과정에서 아이디어를 개발하거나, 광고를 효과적으로 전하는 방식 또한 알게 될 것입니다. 이 모든 과정은 최근 문제가 되는 '문해력'을 기를 수 있는 좋은 밑바탕이 될 거예요. 대화의 맥락이나 핵심을 간파하려면 문해력이 꼭 필요합니다. 이것을 '광고 리터러시'라고도 부르는데요. 문해력을 기르면 광고를 제작하거나, 광고를 보는 데도 도움이 되지만 살아갈 때도 도움이 됩니다. 사람은 사람과 살아가니까요. 혼자가 아니라 다 함께 살아가는 사회에서는 대화의 맥락을 이해하는 것이 중요합니다. 이 모든 능력은 광고를 알게 되면 충분히 갖출 수 있습니다.

이 책에서는 광고의 역사부터 광고 매체의 탄생, 광고의 종류, 광고를 만드는 사람들을 살펴봅니다. 여러분들이 광고를 보는 눈을 키우기 위해 꼭 필요한 지식을 이야기하듯 쉽게 설명할 거예요. 광고의 역사를 따라가다 보면 지금 사회의 다양한 현상들을 이해할 수 있습니다.

또한 현대의 광고에서 가장 중요한 '마케팅'을 알아볼 거예요. 마케팅이 무엇이며, 다른 사람에게 효과적으로 제품을 알리는 방법도 알아봅니다. 그리고 소비자로서 광고의 장단점을 어떻게 구분하고 합리적인 소비를 할 수 있는지도요. 왜 광고를 보면 물건을 사고 싶은지, 아이디어는 어떻게 내는지 등을 함께 살펴봅니다.

마지막으로 문해력, 즉 광고 리터러시를 공부할 거예요. 문해력이 왜 중요하며, 광고로 문해력을 어떻게 기를 수 있는지, 기업은 소비자에게 어떻게 마케팅을 하는지 알아봅니다. 소비자가 사실과 거짓을 구분하는 법 또한 광고 리터러시로 알아볼 거예요. 좋지 못한 광고를 보았을 때 스스로 광고를 재구성해 보기도 할 텐데, 정말 재미있겠죠?

마케팅 용어나 광고 이론을 외우면서 광고를 이해하려고 하면 정말 어렵습니다. 하지만 광고의 역사부터 이해하고 흐름을 따져 실생활에서 부딪히는 광고를 판단하는 방법까지 함께 알아보면 광고가 다르게 보일 거예요. 내가 몰랐던 광고의 재미까지 구석구석 살펴보면서 광고의 즐거움에 푹 빠져들 수도 있어요. 자, 지금부터 재미있는 광고의 세계로 떠나 볼까요?

차례

3장 | 광고 리터러시 기르는 법

1장　광고의 시작

광고는 언제 생겼을까

인류의 첫 광고

"우리 집 노예 가출! 찾아 주세요!"

광고는 인류의 역사와 함께 시작될 정도로 역사가 깊습니다. 하지만 과거의 광고는 현대의 광고처럼 물건을 파는 것보다 무언가를 알리는 것에 집중했죠.

약 3000년 전, 고대 이집트의 어느 옷감 가게에서 일하던 노예 한 명이 도망갔다고 해요. 주인은 노예를 찾아달라는 광고를 했지요. 이것이 바로 인류 최초의 광고라고 합니다.

'광고廣告'는 '널리 알린다'라는 뜻입니다. 고대 이집트의 광고도 노예를 찾아달라고 널리 알렸으니, 광고가 맞긴 하네요. 비슷한 시기에 했던 또 다른 광고도 있답니다. 바로 고대 그리스의 광고였죠. 고대 그리스의 항구에는 외국의 배들이 많이 들어왔어요. 배에는 새롭고 진귀한 외국 물건들이 가득했지요. 그래서 주민들에게 물건을 팔려는 목소리 좋은 사람들이 큰 목소리로 주의를 끌고는 했어요. 당시 그 모습을 묘사한 그림에는 미니 하프 같은 악기를 어깨에 올려놓고 연주하는 사람의 모습이 그려져 있습니다. 이는 광고 노래의 시초라고 할 수 있겠어요.

중세 시대 영국에는 온 마을을 돌아다니며 큰 소리로 소식을 알리

던 '타운 크라이어Town Crier'라는 직업이 있었습니다. 이 사람들도 광고의 한 종류라고 할 수 있어요. 사람들에게 무언가를 알렸으니까요. 지금은 찾아보기 힘든 직업이지만, 유럽과 미국에서는 매년 타운 크라이어 대회를 열고 있어요. 요즘에는 도시의 아파트 스피커나 시골 마을의 스피커, 아파트 엘리베이터의 디지털 광고판, 스마트폰의 앱을 통해 마을 소식을 알립니다.

아주 먼 옛날에는 많은 사람이 글을 읽지 못했어요. 그래서 그림으로 소통했지요. 물건을 판매하려는 사람은 간판에 무엇을 파는지 그림을 그려 소비자가 쉽게 알 수 있도록 했어요. 글을 알지 못해도 그림을 본다면 생활에 필요한 물건은 쉽게 살 수 있었겠죠? 정육

타운 크라이어

타운 크라이어는 도시나 마을의 공식적인 소식을 전했다. 종이나 방울을 울리며 정부의 명령, 뉴스 등을 큰 소리로 알렸다. 그들은 화려하고 눈에 띄는 복장을 입고 활동했다. 붉은색이나 파란색 정장과 모자, 왕실 문장이 새겨진 망토를 착용했다. 그리고 종, 트럼펫, 나팔 등의 도구로 사람들의 이목을 끌었다. 종을 울릴 때는 '보고, 듣고, 들어라(Oyez, Oyez, Oyez)'라고 말하며 사람들을 모았다고 한다.

중세 유럽에는 인쇄물과 문자가 보편화되지 못했다. 그래서 글자를 모르는 사람이 많았다. 타운 크라이어는 그런 사람들에게 정보를 알려주는 중요한 존재였다. 게다가 정부를 대신해 정보를 전달했기에 법적으로 보호받았다. 현재는 유럽의 관광 명소에서 역사적 재현을 하거나 지역 사회의 행사에서 의식을 주도하는 역할을 하는 존재로 남아 있다.

점에는 소나 돼지 그림, 채소 가게에는 채소 그림, 붓 파는 가게에는 붓 그림이 있었을 테니까요.

세상을 바꾼 활자

그림으로 소통하던 인류는 활자를 발명했습니다. 활자를 인쇄하기 위해서는 글자를 찍을 판이 필요했죠. 금속활자가 나오기 전에는 목판활자를 썼어요. 목판활자를 만들려면 조각칼로 나무판에 글자를 하나씩 일일이 조각해야 했죠. 글자를 인쇄하려면 나무에 먹물이나 잉크를 반복해서 묻혀야 해서 나무가 갈라지고 글자도 잘 깨졌어요. 게다가 글자를 하나씩 조각해야 해서 제조 시간도 오래 걸렸습니다. 그러다가 쇳물을 녹여 미리 만들어 놓은 글자 틀에 부어서 만든 금속활자가 나온 것이지요. 역사적인 발명이죠?

서양에서는 지금으로부터 500년 전쯤 금속활자가 등장했어요. 독일의 요하네스 구텐베르크Johannes Gutenberg가 활판 인쇄기를 만들었죠. 그런데 그보다 78년 앞선 고려 시대에 청주의 흥덕사라는 절에서 세계 최초로 금속활자가 제작되었습니다. 그 덕분에 부처님의 깨달음을 요약한 책인 《직지심체요절》을 인쇄할 수 있었죠. 《직지심체요절》은 현존하는 세계에서 가장 오래된 금속활자본으로 2001년에 유네스코 세계기록유산으로 등록되었어요. 전 세계 사람들은 《직지심체요절》을 인쇄한 금속활자가 최초의 금속활자라는 사실을 인정했지요.

금속활자가 만들어지면서 쉽게 책을 인쇄할 수 있게 되었어요. 우리나라에서는 부처님 말씀, 유럽에서는 예수님 말씀을 주로 책에 담았지요. 그 오랜 세월 동안 말로만 전해 오던 조상의 지혜와 각종 고급 정보를 책으로 보존해서 후대에 전할 수 있게 된 것입니다.

인쇄술이 발달하면서 엄청나게 빠른 속도로 사람들에게 책이 보급되었습니다. 이에 따라 광고도 발전했어요. 인쇄술 덕분에 책을 찍고 남는 면에 책의 출판을 알리는 광고 문구를 작게 집어넣었죠. 그것이 최초의 인쇄 광고였어요. 당시에는 획기적인 아이디어였죠. 뒤이어 다른 제품의 광고가 줄줄이 이어졌습니다. 아예 단독으로 제품을 알리는 광고 포스터도 대량으로 등장했어요. 영국에는 담벼락에 포스터가 많이 붙여져서 업자끼리 싸움이 생기기도 했지요. 그래서 2주 안에는 다른 광고를 떼어내지 못하게 하는 협약도 생겼어요.

세월이 흘러 1960년대에는 광고의 혁명이 일어났어요. 라디오와 TV가 등장했거든요. 지금 흔하게 볼 수 있는 광고가 이때부터 본격적으로 발전한 것이죠. 그러다가 2000년대에 들어서면서 인터넷이 등장했습니다. 그 이후로 오늘날 같은 디지털 기술 기반의 다양한 광고들이 등장한 것이랍니다.

인터넷이 발달하면서 기업만 광고를 하는 시대는 끝이 났습니다. 이제는 '인플루언서Influencer'라는 이름의 새로운 광고 주체가 등장했

와, 우리나라가 세계에서
가장 먼저 금속활자를 제작했다니!
프랑스 국립 도서관에 있는
《직지심체요절》 하권을
한국에서 보는 날이 오면 좋겠어.

《직지심체요절》하권(위)과 구텐베르크 활판 인쇄기

《직지심체요절》은 상·하 2권으로 되어 있으나 상권은 소실되었고, 하권은 프랑스 국립 도서관에 있다. 《직지심체요절》의 금속활자판은 소실되었다. 하지만 금속활자장 임인호가 2016년에 《직지심체요절》 활자 3만 개 전체를 복원했다. 구텐베르크 활판 인쇄기는 미국 유타주 크랜달 인쇄 박물관Crandall Printing Museum에 보관되어 있다.

신문에는 이렇게 적혀 있어.
"알릴 것은 이번 저희 세창양행이 조선에서 개업해 호랑이·수달피·검은 담비·흰 담비·소·말·여우·개 등 각종 가죽과 사람의 머리털, 소·말·돼지의 갈기털·꼬리·뿔·발톱, 조개와 소라, 담배, 종이, 오배자, 옛 동전 등 여러 가지 물건을 사들이고 있습니다. 손님과 상인이 가지고 있는 이러한 물건은 그 수량의 다소를 막론하고 모두 사들이고 있으니, 이러한 물건을 가지고 저희 세창양행에 와서 공평하게 교역하시기 바랍니다."

우리나라의 첫 신문 광고

우리나라의 첫 신문 광고는 독일 함부르크에 본사를 둔 무역회사인 세창양행에서 《한성주보》의 1886년 2월 22일 자에 올린 광고다. 광고란에 따로 실리지 않고 '덕상 세창양행 고백'이라는 제목의 기사로 신문에 실렸다. 광고라는 말이 없던 시기여서 '고백告白'이라는 말을 썼다. 이는 중국이나 일본에서 광고 대신 쓰던 말이었다.

어요. 이들은 '소셜 미디어Social media'**를 통해 전 세계의 소비자와 만나고 있지요. 오늘날에는 '유튜브Youtube'를 이용한 계정의 수만큼 방송국의 수가 늘었다고 할 수 있겠네요.

인플루언서 SNS 또는 인터넷에서 수천 명에서 수십만 명에 달하는 구독자를 보유해 영향력이 있는 사람을 지칭하는 용어다. 영향을 뜻하는 영어 '인플루언스influence'에 사람을 뜻하는 접미사 '-er'이 붙어 탄생했다.
인플루언서는 자신을 사람들에게 알려서 홍보하는 직업이라는 점에서 연예인과 비슷하다. 하지만 인플루언서는 인터넷 방송, SNS에서 주로 활동한다. TV 방송 활동을 중점으로 하는 연예인과는 구별된다.

소셜 미디어 인터넷에서 의견이나 생각 등을 서로 공유하기 위해 사용하는 온라인 틀과 플랫폼이다. 소셜 미디어로 공유되는 콘텐츠는 텍스트·이미지·오디오·동영상 등이 있다. 소셜 미디어의 종류로는 블로그Blog, 소셜 네트워크 서비스SNS 위키Wiki, UCC 등이 있으며, 유튜브나 온라인 게임, 카카오톡 오픈 채팅도 소셜 미디어가 될 수 있다.

광고는 왜 하는 것일까

경제를 굴리는 광고

광고는 왜 하는 것일까요? 답은 간단합니다. 인류의 생활 수준을 더 높이기 위함입니다. 기업은 오랜 시간 동안 우수한 사람들의 노력과 돈을 들여 새로운 제품이나 서비스를 만듭니다. 그것을 소비자가 사서 쓰지요. 제품은 사람의 생활을 편리하게 도와 줍니다. 그것을 적절한 가격으로 사고팔면 기업과 소비자 모두 서로 이익을 보는 셈입니다.

그래서 광고는 경제의 '윤활유'라고 할 수 있어요. 윤활유란 기계가 부드럽게 돌아가도록 하는 기름을 말하지요. 광고가 바로 그 역

광고가 많아질수록 기업들은 서로 경쟁을 하게 돼.
제품의 품질을 높인다거나, 가격을 내리지.
즉, 광고가 많아질수록 소비자는
더 다양하고, 질 좋고, 저렴한 상품을 살 수 있어.

할을 한답니다. 그러니까 기업의 광고는 국가 경제라는 거대한 기계
를 잘 돌아가게끔 돕는다는 것이죠. 광고는 국가 구성원 모두가 풍
요롭게 살 수 있도록 노력하는 역할을 합니다.

　기업이 열심히 만든 제품이나 서비스를 소비자에게 광고하지 않는
다면 어떻게 될까요? 소비자는 제품이 나온 사실도 모르겠지요. 기
업은 제품을 하나도 팔지 못할 것입니다. 그렇게 되면 투자한 비용
도 다 사라지겠죠. 직원들에게 급여도 제대로 주지 못할 테고, 제조
설비도 헐값에 팔거나 폐품으로 없애야 합니다. 주식시장에도 안 좋
은 영향을 미칠 거예요. 이러한 상황에 직면하지 않도록 기업은 소비
자에게 새로운 제품이나 서비스가 나올 때마다 지속적으로 광고를
해야 합니다.

똑똑하게 제품을 알리는 방법

'마케팅Marketing'은 무엇일까요? 옛날에는 마케팅이라는 개념이 필요 없었어요. 좋은 제품을 원하는 소비자는 많은데, 기업이 생산을 많이 할 수가 없었거든요. 그러다가 기술이 발전해서 대량생산을 할 수 있게 됐는데, 문제가 생겼어요. 좋은 제품이 시장에 너무 많이 나온 것이었죠. 물건은 많은데 소비자에게 사라고 할 방법이 없었어요. 그래서 마케팅이 생겼답니다. 기업들이 소비자에게 제품을 사달라고 부탁하게 된 것이지요. 그래서 소비자를 제대로 이해하기 위한 과학적인 마케팅 전략이 등장했어요.

마케팅에서 가장 중요한 요소는 '마케팅 믹스'를 설정하는 것입니다. 마케팅 믹스란 기업이 고객에게 상품 또는 서비스를 알리기 위해 관리할 수 있는 요소를 말해요. 기업은 마케팅 믹스를 사용해 마케팅 목표를 정의하고 고객에게 전달할 메시지를 결정합니다.

1960년대에 들어서면서 마케팅 믹스는 '마케팅 4P'로 세분화되었어요. 4P는 네 가지 요소를 뜻하는데, 요소의 첫 글자가 모두 P로 시작해서 그렇게 불리게 되었습니다. 네 가지 요소에는 '제품product', '가격price', '광고promotion', '유통place'이 있어요. 이것들은 마케팅을 수행할 때 통제해야 할 주요 요소입니다. 마케팅을 할 때 꼭 필요하다는 말이죠. 이 중에서 어떤 요소라도 빠지면 성공하기가 어렵습니다.

광고는 기업의 중요한 마케팅 수단입니다. 한발 더 나아가 기업은

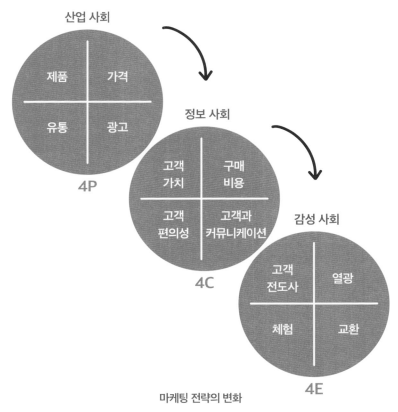

마케팅 전략의 변화

1990년대에 들어서면서 기업 중심이었던 마케팅 전략이 소비자 중심으로 변화되었다. 수요보다 공급이 많은 소비자 우위 시대에서는 고객 중심의 접근이 중요하다. 4P가 일방적인 마케팅 소통이라면, 4C는 쌍방향 마케팅 소통이다. 기업이 고객의 입장에서 모든 가치를 고려하게 되면서 기업과 고객의 상호작용이 확대되었다.

제품 및 서비스의 품질이 상향 평준화되면서, 마케팅 전략의 새롭고 차별적인 요소로 '경험'을 내세우게 되었다. 4C로는 부족해 4E라는 전략이 제시된 것이다. 4E는 고객을 넘어 경험, 즉 감성을 자극하는 마케팅이다. 고객에게 독창적이고 높은 감성적 부가 가치를 제공해야 한다는 개념이다. 4E 전략에서는 고객과 기업의 소통에서 벗어나 고객들이 서로 제품에 대한 정보를 나눈다. 감성이 소비 욕구를 자극하고 구매의 동력이 되면서 새로운 마케팅 믹스 4E가 주목받고 있다.

광고를 '브랜딩Branding'*의 수단으로 본답니다. 광고가 제품이나 서비스를 판매하는 단순한 수단이 아니라는 것이지요. 기업은 일시적인 판매를 넘어 오래오래 사랑받는 브랜드가 되기를 원하거든요. 회사의 사장이나 마케팅 담당자가 바뀌더라도, 소비자에게 변함없이 좋은 느낌을 줄 수 있는 브랜드를 만드는 것이 바로 광고의 역할입니다. 결국 광고란 소비자에게 '좋은 느낌을 주는 말하기'라 할 수 있겠네요.

사람도 하나의 브랜드입니다. 그래서 사람들은 각자 만나는 사람에게 '좋은 느낌'을 주도록 노력해요. 저도 마찬가지입니다. 저를 아는 모든 사람에게, 또는 처음 만나는 사람들에게 좋은 느낌을 줄 수 있도록 열심히 노력하고 있죠. 여러분도 관계를 넓힐 때 이런 '퍼스널 브랜딩' 전략을 사용해 보는 것은 어떨까요?

브랜딩 좁은 의미에서 브랜드는 기업 혹은 개인의 상표이자 간략화된 이미지다. 브랜드라는 명칭은 바이킹들이 가축의 주인을 구분하기 위해 엉덩이를 불로 지지는 데서 유래했다. 현대의 브랜드는 메시지다. 기업 혹은 개인이 존재하는 이유를 보여 주는 것이다. 메시지가 뚜렷한 브랜드를 만들기 위해 브랜딩이 필요하다.
브랜딩이란 브랜드의 가치를 만들어 가면서 브랜드가 확장되는 과정을 말한다. 기업, 제품, 서비스 또는 개인이 소비자에게 자신을 차별화하고 기억되도록 각인을 남기는 과정이다. 마케팅은 상품을 사도록 하는 행위지만, 브랜딩은 왜 상품을 사야 하는지 의미를 부여하는 일이다.

브랜드는 무엇일까

간판에서 인터넷까지

오늘날의 광고는 그림과 글로 구성되어 있어요. 제품이나 서비스의 좋은 점을 매력적인 그림과 글로 표현하죠. 그런데 옛날에는 교육받지 못한 소비자가 많아 글을 읽지 못했어요. 그래서 간판으로 제품이나 서비스를 알리고 소통했답니다.

중세 시대부터 오늘날까지 계속 사용하는 유명한 간판은 바로 '이발소 기둥barber's pole' 간판입니다. 흰색, 빨간색, 파란색이 섞인 나선형 줄무늬가 있는 원통형 간판이 빙글빙글 돌아가는 간판이지요. 글을 알지 못해도 기둥의 의미를 안다면 그 가게에 머리를 손질하러 갈

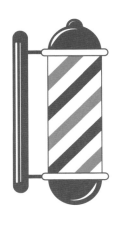

이발소 기둥의 색에는 의미가 있어!
파란색은 '정맥', 빨간색은 '동맥', 하얀색은 '붕대'를 의미해.
18세기까지 유럽에서는 이발사가 외과 의사를 겸했거든.
그래서 사람들은 병에 걸리면 이발소에 가서 수술을 받았대.

수 있었겠지요?

그림만 나오던 광고는 세 번의 큰 변화를 맞이합니다. 첫 번째는 인쇄 기술의 발명입니다. 인쇄 기술 덕분에 본격적인 인쇄 광고가 시작되었지요. 중세 시대 금속활자 이야기를 기억하나요? 인쇄 광고는 책에서 시작해 신문, 잡지에도 실립니다. 그리하여 광고는 엄청나게 빠른 속도로 발전합니다.

두 번째는 전파 기술의 발명입니다. 1901년에 전파에 목소리를 실어 전달하는 기술이 발명되면서 라디오도 발명되었어요. 1920년에는 미국 펜실베이니아 주 피츠버그에서 세계 최초의 상업 라디오 방송국인 《KDKA》가 개국했죠. 라디오에서 음악과 설명으로 광고를 할 수 있게 됐으니 놀라운 일이었겠지요?

개인용 컴퓨터 시대를 연 애플Ⅱ

1970년대에 출시된 애플Ⅱ는 개인용 컴퓨터의 대중화 시대를 열었다. 애플은 아이콘, 메뉴 등을 이용해 컴퓨터를 조작하는 인터페이스도 1984년에 처음 도입했다. 컴퓨터의 발달로 통신망도 함께 발달했다.

1967년 미국 국방성이 '컴퓨터와 컴퓨터를 연결'하려는 계획인 '아파넷 계획'을 세웠다. 아파넷은 '미국 국방부 산하 고등연구계획국Advanced Research Project Agency'의 약자다. 이 계획은 냉전 시대에 정보전의 우위를 차지하기 위해 세워졌다. 그런데 공학자들이 아파넷으로 사적인 이야기를 주고받기 시작하면서 아파넷은 1983년에 민간용 네트워크로 변형되어 '인터넷'으로 발전했다.

TV 방송은 1929년 영국의 《BBC》에서 최초로 시작되었습니다. 라디오보다 더 놀라운 일이었지요. TV를 통해 움직이는 영상과 음향으로 실감 나게 제품을 소개할 수 있게 되었으니까요. 라디오와 TV 덕분에 오늘날과 같은 광고 형태가 태어난 셈이지요.

세 번째 커다란 변화는 '인터넷Internet' 상용화입니다. 원래 연구와 군사적 목적으로 개발한 인터넷을 일반인이 쓸 수 있게 된 것은 1983년부터였어요. 우리나라도 1994년부터 초고속 통신망을 사용해 인터넷을 사용하게 되었죠. 인터넷을 사용하면서부터 광고는 지금까지도 비약적인 발전을 하고 있습니다. 인터넷이 전 세계 시장을 하나로 연결했으니까요. 동아시아의 작은 나라인 한국 가수의 노래를 전 세계인이 즐기고 있는 시대입니다. 싸이와 블랙핑크가 먼 나라의 젊은이들에게 한국어를 자연스럽게 가르치고 있지요. 한국 브랜드의 광고도 무서운 속도로 퍼지고 있습니다. 지금도 한국의 다양한 기업들의 광고가 전 세계에 방송되고 있어요.

기억에 남는 상품의 조건

광고를 할 때는 '브랜드brand'도 중요합니다. 그런데 브랜드라는 단어를 들어 본 적 있나요? 제품하고 의미가 비슷하긴 하지만 다릅니다. 세계의 모든 제품은 브랜드가 되기 위해 노력하고 있어요. 공장에서 만든 것이 '제품'이고, 그 제품이 소비자와 좋은 관계를 맺게 되면 '브랜드'라고 한답니다. 그러니까 편의점이나 마트에 진열된 제품이 소비자인 내가 좋아하지 않는다면 브랜드가 될 수 없지요. 그래서 전 세계의 기업들은 자사의 제품이나 서비스를 브랜드로 만들기 위해 노력합니다.

"마케팅은 실체가 아니라 인식의 싸움"이라는 말이 있어요. 《마케팅 불변의 법칙》이라는 책에 나오는 유명한 조언입니다. 여기서 '실체reality'란 제품이나 서비스의 진짜 모습을 말합니다. 반대로 '인식perception'이란 제품이나 서비스에 대한 느낌이나 이해를 말하지요. 그러니까 마케팅을 할 때는 제품의 기능이나 디자인 같은 실제 모습보다, 그것을 소비자가 받아들이는 '느낌'이 더 중요하다는 뜻입니다.

100여 년 전, 미국에서 잘 팔리는 비스킷이 있었어요. 넓은 미국전역에 철도가 깔리면서 배송이 쉬워졌고 장사는 더 잘 되었지요. 그런데 비슷한 경쟁사 제품들이 등장하자 잘 팔렸던 비스킷 회사는 곤란해졌답니다. 그래서 비스킷을 담은 나무통에 인두로 상표를 찍기 시작했어요. 또 동그란 모양의 과자 위에도 상표를 찍어 넣었죠. 그러자 소비자들은 그 비스킷 제품을 정확히 짚어 이름을 부를 수 있게 되었어요. 이 이야기는 전 세계적으로 유명한 '오레오Oreo' 쿠키 이야기입니다. 그런데 그 쿠키만 맛이 있었을까요? 그렇지는 않았겠죠. 하지만 소비자는 한번 좋은 제품이라고 인식하면, 다음에 제품을 살 때도 같은 제품을 찾게 됩니다. 이러한 소비자의 습관 덕분에

브랜드 네이밍의 조건

무수히 많은 브랜드 중에서 눈에 띄려면 차별화가 필요하다. 하지만 단순히 독특한 이름을 짓는 것을 넘어, 여러 조건을 고려해야 한다. 가장 먼저 부르기 쉬워야 한다. 동시에 기억하기에도 쉬워야 한다. 길이가 너무 길어서도 안 된다. 타 브랜드와 중복되어서도 안 된다. 또한 기업이 전하고자 하는 가치를 담는 것이 가장 중요하다.

오레오는 유명 브랜드가 될 수 있었던 것이죠.

또 다른 비스킷 광고도 재미있는 브랜드 네임을 개발해 차별화에 성공했어요. 주인공은 바로 미국 국립 비스킷 회사라는 이름을 짧게 줄인 '나비스코Nabisco'라는 기업입니다. 나비스코는 자신들이 파는 비스킷의 이름에 '유니더Uneeda'라는 이름을 붙여 광고해서 성공했어요. 유니더라는 이름은 무엇이 특별할까요? '유니더 비스킷'을 우리말로 바꾸면 '당신에게 필요한 비스킷'이 됩니다. '유니더 비스킷Uneeda biscuit'은 '유 니드 어 비스킷You need a biscuit'이라는 문장을 소리나는 대로 적은 것이지요. 비스킷을 먹고 싶은 사람들은 기억할 수밖에 없겠죠?

브랜드가 만드는 문화

브랜드는 물건을 팔면서 문화도 만듭니다. 이에 관한 특별한 일화도 있지요. 100년 전에는 사람들이 일주일에 한 번 정도 목욕했다고 해요. 그런데 비누 회사가 사람들에게 다가가서 고상한 시민으로 살려면 '청결'이 중요하다고 말했어요. 그래서 자주 씻으라고 권유했지요. 그 이후로 사람들은 자주 씻게 되었다고 합니다. 이 이야기는 위생 의식을 강조한 광고 캠페인을 벌여 사람들에게 비누 사용을 습관화하게 만든 '아이보리Ivory' 비누의 이야기입니다.

기업은 소비자를 불안하게 하거나, 공포를 심는 방식으로 마케팅을 하기도 합니다. 이러한 마케팅을 '공포 마케팅'이라고 하죠. 일반적인 공포 마케팅은 공익적인 목적을 기반으로 공포심을 자극합니다. 하지만 대부분 기업에서는 유행에 뒤처지거나, 몸에 좋지 않다는 불안감을 끌어내서 상품을 소비하게 하는 상업성을 목적으로 공포 마케팅을 실시해요.

19세기 말까지 사람들은 입에서 나는 악취를 당연하게 여겼어요. 냄새를 제거할 필요가 없었던 것이죠. 그런데 어떤 기업이 이를 이용해 공포 마케팅을 진행했습니다. 이들은 사람들에게 입냄새가 심하면 세련된 현대인이 될 수 없다며 소비자의 인식을 바꾸려 했죠. 그러면서 입냄새로 인해 창피를 당하는 가상의 이야기를 꾸몄고, 그것으로 구취 제거의 필요성을 소비자에게 강조했어요. 입냄새의 불쾌함과 심각성을 알리는 광고 캠페인이지요. 기업은 광고에서 해결책을 제시했어요. 자신들이 판매하는 구강청결제를 사용해서 입냄새를 없애라고 권유했습니다. 사람들은 불안감을 느끼며 제품을 구매했어요. 기업의 수익은 7년 만에 40배나 증가했다고 하죠. 이 일화는 오늘날 많은 사람이 즐겨 쓰는 '리스테린Listerine' 기업의 구강청결제 이야기입니다.

지금 흔하게 거리에서 볼 수 있는 카페 또한 기업이 만든 문화입니다. 1971년 미국 시애틀에서 커피 원두 가게로 시작한 '스타벅스Starbucks'는 1987년에 새롭게 변신했어요. 고급 원두를 유통하던 스타벅스는 사람들에게 직접 내린 커피를 제공하는 카페가 되었죠.

세계적인 인기를 얻은 스타벅스는 자신들이 기존 카페의 개념을 바꾸었다고 말합니다. 스타벅스는 카페가 단순히 커피를 마시는 공간을 넘어선 '제3의 공간'이라고 설명하죠. 사람들이 휴식하는 집이 제1의 공간, 일하는 공간이 제2의 공간, 스타벅스는 제3의 공간이라는 이야기입니다. 바쁘고 지친 현대인들에게는 제1, 제2의 공간만으로는 부족하다는 것이죠. 홀로 휴식하고, 일하고, 사람들도 만나는 제3의 공간이 필요하다는 스타벅스의 아이디어는 오늘날 카페 문화

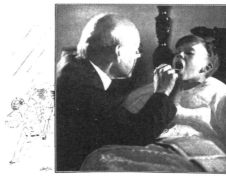

1926년 《엘크스 매거진Elks Magazine》 12월호의 리스테린 광고

광고에는 목이 아픈 소년이 의사에게 진찰을 받는 모습이 담겨 있다. 광고 카피는 리스테린이 소독 효과가 있으니 구강 세정제로 사용하면 인후염을 예방할 수 있다는 점을 강조했다.

를 창조했습니다. 어떻게 보면 스타벅스는 오늘날의 '카공족'**을 만든 브랜드인 셈이지요.

일단은 첫인상

광고에서는 광고하는 제품의 '실체'보다 그 제품을 사용할 소비자의 '인식'을 더욱 중요하게 생각합니다. 당연히 돈을 받고 파는 모든 제품은 품질이 좋아야 하지요. 아니면 필요가 없을 테니까요. 그러니 품질이 좋은 것만으로는 부족합니다. 소비자는 제품에 대한 좋은 느낌과 이미지가 있어야 제품을 구매하고 사용하거든요. 그래서 전 세계의 기업은 자신들의 제품이 사람들에게 좋게 인식되기 위해 노력합니다.

이는 정부도 마찬가지입니다. 정부는 정치를 잘해서 살기 편하다는 인식을 국민에게 심어 주기 위해 노력하지요. 이것을 '퍼스널 브랜딩personal branding'**에 대입해 봅시다. 나의 '실체'는 과연 어떤 것일

카공족 카페에서 공부하는 사람들을 가리키는 신조어이자 유행어. 이들은 카페에서 커피나 간단한 간식을 구매해 장시간 머무르며 카페에서 공부한다. 혼자 카페에 머물기도 하지만, 여럿이서 공부 모임이나 조별 과제를 하기도 한다. 카공족은 2010년대 이후 매우 흔한 카페 고객의 모습이지만, 물가 상승 등의 이유로 사회 문제 중 하나로 떠오르고 있다.

퍼스널 브랜딩 한 개인이 가진 특색을 브랜딩해서 자신만의 독특한 가치를 창출하는 행위를 뜻한다. 이는 나만의 개성과 매력, 재능을 브랜드화해서 나의 가치를 높이는 것이다.

광고든, 사람이든 이미지가 정말 중요해.
차별화된 강점이 있다면
고객이나 친구에게 나를 효과적으로
각인시킬 수 있어.

까요? 아마 나를 이루는 인성이나 인품 같은 것일 텐데요. 그것을 사람들이 어떻게 '인식'해 주는가가 중요합니다. 물론 무조건 남에게 잘 보이려고 애쓸 필요는 없습니다. 내 인생의 주인공은 자신이니까요. 하지만 사람들이 나의 인품을 섣부르게 판단해서 좋지 않은 인식을 갖게 할 필요는 없지 않을까요?

우리는 다른 사람을 쉽게 판단하기도 합니다. 예를 들어, 어떤 사람의 겉만 보고 똑똑하다거나, 깔끔하다거나, 이상하다고 지레짐작하는 것이지요. 알고 보니 그렇지 않은 경우가 많은데요. 이러한 경우처럼 좋은 첫인상을 위해서라도 퍼스널 브랜딩을 해 보는 것은 매우 중요합니다.

광고는 어떻게 나를 알고 있을까

나보다 나를 더 잘 아는 광고

〈나는 네가 지난 여름에 한 일을 알고 있다〉라는 영화가 있어요. 제목처럼 누군가가 나의 생활을 속속들이 알고 있다면 무섭겠죠? 그런데 인터넷도 사람들의 생활을 알고 있답니다. 인터넷은 어떻게 사람들의 생활을 알 수 있었을까요?

쇼핑몰을 이용하기 위해 회원 가입을 해 봤을 것입니다. 회원 가입 절차에는 가입자의 개인 정보를 활용해도 되겠냐는 질문이 항상 들어 있습니다. 동의하지 않는다면 가입할 수 없어 무심코 동의를 한 경우도 있을 거예요. 이처럼 개인 정보 활용에 동의를 하게 되면 인

차고에서 시작한 아마존

아마존은 단독 주택에서 회사를 설립했다. 낡은 문짝을 뜯어 책상으로 사용했는데, 이 문 짝은 아마존의 상징물이 되었다. 현재 아마존은 좋은 아이디어를 제안하는 직원들에게 '문짝 책상 상'을 수여하고 있다.

터넷 사이트에서는 가입자의 정보를 가지고 회원에게 말을 걸게 됩니다. 생일을 축하한다는 메시지를 보내거나, 제품을 구매하려 할 때 다른 관련 제품을 소개하기도 하죠.

이렇게 개인 정보를 잘 활용하는 기업 중 하나가 미국의 '아마존 Amazon'입니다. 지구상의 거의 모든 물건을 팔고 있는 아마존은 세계 최초의 인터넷 서점으로 사업을 시작했어요. 실제 책방은 없고 창고 만 있는 새로운 형태의 서점이었죠. 저도 아마존에서 처음 책을 샀 을 때 무척 놀랐어요. 책을 처음 주문했을 때는 조금 불안했지요. 서울에서 주문한 책이 일주일 만에 미국에서 제대로 올 수 있을지 걱정했어요. 그런데 아마존은 약속을 지켰습니다. 정말로 일주일이 지나니 주문한 책이 도착해 있었어요. 그런데 며칠 후 아마존 웹사이트에 들어갔다가 다시 한번 깜짝 놀랐습니다. 일전에 주문한 책의 사진 아래에 그것과 비슷한 유형의 책들이 세 권 소개되어 있더군요. 순간 섬찟했지요. 머나먼 미국 시애틀의 서점 사람들이 나의 취향을 어떻게 알 수 있었을까요? '일하는 시간에 책 주문이나 하며 놀고 있구나'하고 회사 인사팀이 나를 지켜보는 느낌이 들었지요. 나중에는 돈을 모아 추천해 준 대로 두 권을 더 샀어요.

과거에는 이런 마케팅이 흔하지 않았어요. 개인 정보를 토대로 고객의 취향을 확보해 다른 제품을 판매하는 아마존의 마케팅은 크게 성공했죠. 그리하여 아마존은 세계 최고의 인터넷 쇼핑몰이 되었습니다. 요즘은 주문 이력을 바탕으로 제품을 추천하는 시스템이 따로 있을 정도입니다. 이런 방식은 대중화되었죠. 그렇다면 지금은 시스템이 얼마나 더 정교해졌을까요?

소비자의 발자국, 쿠키

고객의 정보로 제품을 추천하는 것은 소비자 '빅데이터big data'의 힘입니다. 기업은 그들의 사이트나 앱에 누가 접속했는지, 얼마나 머물렀는지, 제품을 구매했는지, 장바구니에 담아만 두었는지, 검색만 했는지 다 알 수 있습니다. 컴퓨터에는 인터넷에 접속하는 순간부터 모든 기록이 그대로 남기 때문이죠. 그것을 '쿠키cookies'라 부릅니다. 쿠키라는 용어는 동화 《헨젤과 그레텔》에서 유래되었어요. 계모에게 버림받은 두 아이가 집으로 돌아가는 길을 잃어버리지 않으려고 쿠키를 잘게 잘라 길에 뿌리는 이야기에서 따온 말이랍니다. 이러한 쿠키가 나쁜 것만은 아닙니다. 기업은 쿠키를 조사해서 제품의 품질이나 디자인을 개선하는 데도 쓰니까요.

그런데 요즘은 광고에 쿠키를 마음대로 사용할 수 없게 되었어요. '애플Apple'과 '구글Google'이 최근 개인 정보 보호를 위해 쿠키를 광고에 쓰지 않기로 했거든요. 쿠키로 고객의 온라인 여정을 알아내던 기업들은 곤란해졌겠지요? 따라서 기업은 소비자 행동을 연구하기 위해 '머신 러닝machine learning' 기법을 활용하기도 합니다. 컴퓨터들이 이미 학습한 자료를 토대로 스스로 계속 학습하는 방식이지요.

'리타기팅Re-targeting'이라는 기법도 있어요. 내가 겨냥한 예상 소비자인 '타깃 오디언스target audience'에게 다시 광고하는 것이죠. 조사에 따르면 기업의 사이트를 방문한 사람들의 97퍼센트는 아무것도 사지 않고 떠난다고 합니다. 하지만 기업은 단념하지 않고 고객을 뒤따라가는 것이지요. 고객이 사이트에 관심이 있었기 때문에 방문했다고 보기 때문입니다. 기업은 고객이 방문한 다른 사이트에도 따라가서 배너 또는 팝업 광고 형태로 자신들을 보여 줍니다. 이렇게 재

헨젤과 그레텔
Hänsel und Gretel

방문을 부탁하거나 제품을 구매하도록 유도하는 것을 리타기팅이라고 합니다.

리타기팅은 한번 내게 관심을 보였다가 떠난 상대를 찾아 다시 나를 좋아해달라는 일이군요. 이는 처음 고객이 기업을 찾았을 때 방문한 기록이 남아 있어 가능한 것이지요. 아무래도 제품에 관심이 없는 사람들보다 한 번이라도 관심을 가졌던 사람들에게 광고하기가 더 쉽거든요. 이를 '리마케팅Re-marketing'이라고도 한답니다.

'퍼포먼스 마케팅performance marketing'이라는 용어도 많이 씁니다. '퍼포먼스'는 '공연'이라는 뜻이지만, 여기서는 '실적'이나 '성과'를 뜻합니다. 그러니까 광고를 하고 나서 실제로 성과가 있는지 따지는 마케팅을 뜻하지요. 어떻게 따질까요?

TV 광고에서는 성과를 따질 수가 없지만, 디지털 광고에서는 가능합니다. TV 광고는 광고한 제품이 잘 팔려도 광고 덕분이라고 말하기 어렵습니다. 제품을 사준 소비자가 TV 광고를 보고 샀는지 알수가 없으니까요. 하지만 온라인을 통한 디지털 마케팅에서는 쿠키를 통해 소비자가 광고를 봤는지, 그 광고를 보고 나서 실제로 제품을 구매했는지 알 수가 있지요. 기업은 온라인 기반의 디지털 광고에서 불필요한 광고 비용을 줄일 방법을 배웁니다. 기업에서는 소비자가 온라인 광고를 본 만큼만 광고 회사와 매체 회사에 광고 비용을 내겠다는 것이지요. 상당히 합리적인 생각이죠? 소비자가 기업이 애써 만든 광고를 보지도 않고, 보았다고 해도 제품을 사지 않았다면 광고 비용을 낼 필요가 없다는 것입니다.

소비자의 클릭과 공유, 판매 빈도를 측정한 값에 따라 광고 비용을 내는 것이 퍼포먼스 마케팅입니다. 기업은 이를 통해 광고 비용을 아끼고 소비자의 취향이나 반응, 구매 행태 같은 정보를 알 수 있지요. 온라인 기반의 디지털 광고는 모두 퍼포먼스 마케팅을 위한 도구라 할 수 있어요.

마음은 어떻게 사로잡을 수 있을까

말로 바꾸는 세상

어느 화창한 봄날 아침, 눈이 먼 노인이 뉴욕의 고층 빌딩 아래의 길가에서 구걸을 하고 있었습니다. 그는 종이 상자를 잘라 만든 팻말을 깡통 옆에 세워 놓았지요.

저는 눈이 보이지 않습니다. 도와주세요.

하지만 아무도 노인을 쳐다보지 않았습니다. 사람들은 바쁘게 걸음을 옮길 뿐이었죠. 그런데 한 여성이 그의 곁을 지나가다 문구를

목격합니다. 이내 가방에서 펜을 꺼내 노인의 팻말에 적힌 문구를
고치기 시작했죠. 문구를 고친 여성이 떠나고 갑자기 깡통에 돈이
마구 떨어졌습니다.

오후가 되자 여성은 다시 노인 곁을 지나갔습니다. 그를 알아본
노인은 자신에게 무엇을 했는지 물어보았어요. 그런데 그는 원래 적
인 문장의 의미는 바꾸지 않고, 말만 조금 바꾸었다고 했어요. 과연
그는 어떻게 문구를 고쳤을까요?

정말 아름다운 날입니다. 그리고 저는 그 풍경을 볼 수가 없네요.

이 이야기는 광고 업계에서 전설처럼 전해져 오는 이야기입니다.
노인의 팻말을 고친 그는 유명한 광고 '카피라이터Copywriter'였죠. 카
피라이터는 기발한 아이디어나 감수성으로 제품이나 서비스를 고객
의 기억에 남길 광고 문구나 문안을 작성하는 사람입니다. 물건만큼

정말 아름다운 이야기야.
역시 광고는 소비자의 마음을 울려야 하나 봐.
사람들의 행동을 바꾸기 위해서는
마음을 사로잡아야 하니 말이야.

이나 말의 중요성을 나타내는 이 일화는 중요한 메시지를 전달합니다. 바로 '말을 바꾸면 세상을 바꿀 수 있다'라는 것이죠.

이처럼 딱딱한 이야기를 부드럽게 바꾸는 능력이 광고의 힘입니다. 하지만 누군가에게 생각이나 메시지를 효과적으로 전하기란 좀처럼 쉽지 않습니다. 사람들은 남의 아이디어를 좋아하지 않거든요. 꼭 나쁜 마음을 먹어서는 아닙니다. 누구나 자신이 가장 똑똑하고 본인의 아이디어가 가장 좋다고 생각하니까요. 그러니 누군가의 동의를 끌어내어 설득하려면 여러 가지 방법을 연구해야 합니다. 타인을 설득하는 마케팅 방법을 함께 알아보도록 해요.

남을 이해하는 마케팅

마케팅은 사람의 마음을 잘 알수록 쉬워집니다. 심리학을 공부하는 것도 도움이 되지요. 사람들의 동의를 얻을 수 있는 심리학 기법을 몇 가지 알려드리겠습니다.

먼저 '문에 발 들여놓기Foot-in-the-door' 기법입니다. 방문 판매원이 다른 사람의 집에 찾아가 장사를 하려면 일단 문을 열게 하고, 집 안에 한 발이라도 들여놓아야 한다는 전략입니다. 남의 집에 불쑥 쳐들어가서 무언가를 요구하면 바로 거절당하겠지요. 그러므로 작은 요청에 먼저 동의하도록 한 후, 큰 요청에 동의하도록 하는 방법이 효과적이라는 것입니다. 집주인은 작은 요청에 이미 동의했기 때문에 더 큰 요청을 받아도 마음속으로 계속 동의해야 할 의무가 있다고 느끼게 된답니다. 처음에 동의해 준 자신의 결정과 일관성을 유지하기 위해서 그러는 것이지요. 그러면서 속으로 '난 한결같은 사람이야'라고 생각합니다.

일단 문에 발을 들여 집으로 들어갔다면 소파에 앉는 것은 쉽습니다. 운이 좋으면 음료도 대접받을 수도 있습니다. 그때 집주인에게 무료 샘플이나 작은 선물이라도 건네주면 분위기가 좋아지지요. 그렇게 친해지기 시작해서 판매에 이르는 것입니다.

가령 "엄마, 게임 한 시간만 하고 시험 공부해도 될까?"로 시작해서 게임을 하겠다는 동의를 구해 보세요. 이 방법이 통한다면 "엄마, 시험 끝났으니까 이번 토요일에는 다섯 시간 동안 게임 해도 될까?"라는 요청에도 동의를 얻을 확률이 높아지겠지요?

'머리부터 들이밀기Door-in-the-face' 기법도 있습니다. 위의 방법과 달리, 큰 요청을 먼저 한 뒤에 작은 요청을 하는 방법이죠. 어느 나라에 여행 가서 물건을 살 때는 처음부터 무조건 절반을 깎으라는 조언을 듣곤 하지요. 화가 난 상인은 그냥 가라고 소리 지를 것입니다. 하지만 그냥 가려고 하면, 곧 다시 부르지요. 오늘은 장사가 되지 않아 문을 닫으려 하니, 반값에 가져가라는 말을 들을 수도 있습니다. 상인은 속으로 '음, 나는 타협할 줄 아는 사람이야!'라고 생각할지도 모릅니다. 이런 기법은 용돈을 받을 때 사용해도 좋아요. 용돈을 받

스몰 토크

'잡담'이라 불리는 스몰 토크는 일상에서 나누는 가벼운 대화다. 그런데 스몰토크는 가벼운 대화 이상의 역할을 한다. 상대에게 적대감이 없음을 보여 주고 친근함을 드러낸다. 스몰 토크를 소홀히 한다면 상대와 친해지기 어렵다. 미국 남부, 남유럽 등 날씨가 따뜻하고 온화한 서구 문명에서 중요한 언어 생활이다.

기 전에 아주 비싼 휴대폰을 사달라고 한다면 당연히 거절당할 것입니다. 하지만 그 이후에 물건값의 절반도 안 되는 용돈을 달라고 해 보는 거예요. 처음부터 용돈을 달라고 하는 것보다 효과가 있지 않을까요? 상황에 따라 이 두 기법을 실생활에서 활용해 보세요. 어쩌면 좋은 결과가 있을지도 모릅니다.

'라포르rapport'라는 말도 있어요. 프랑스어인데, 사람과 사람 사이에 생기는 신뢰 관계를 말합니다. 광고에서도 "라포르를 먼저 형성하라"라는 조언을 자주 듣는데요. 상대방에게 딱딱한 용건을 다짜고짜로 들이밀지 말라는 이야기입니다. 사람은 서로 마음이 먼저 통해야 대화가 되니까요. 유능한 세일즈맨은 처음 만난 사람에게 절대로 무엇을 사라고 하지 않아요. 친구를 사귀듯 천천히 서로를 알아가지요. 노련한 기자는 상대의 마음을 편하게 풀어 주면서 알고 싶은 것을 취재한답니다. 의사나 형사도 마찬가지지요. 용건을 들이대기 전에 고객이 친밀감을 먼저 느낄 수 있도록 접근해야 효과를 볼 수 있으니까요.

꼭 광고가 아니더라도 낯선 사람과 처음 만나 대화를 시작할 때는 가벼운 대화로 서로의 마음을 편안하게 풀어내 보세요. 훨씬 대화가 잘 통한답니다. '스몰 토크small talk'라는 말 들어 보셨나요? 말 그대로, '작은 이야기'를 말합니다. 처음 만난 상대와 부담 없이 대화를 시작하려면 가벼운 이야기가 좋습니다. "날씨가 추워졌지요?", "여기서는 줄을 서지 않아도 되나요?", "새로 생긴 편의점인가요?" 같은 가벼운 질문으로 어색함을 살짝 해소할 수도 있습니다. 그러면 말을 걸기 어려워 보이는 사람과도 쉽게 대화를 시작할 수 있어요. 물론 반응을 적극적으로 해 주는 것도 중요하지요. 자신의 이야기를 잘 들어주는 사람보다 고마운 사람은 없거든요. 나쁜 이야기를 피하고 상대에게 되도록 긍정적으로 관심을 보이면 누구나 고마워한답니다. 상대에게 공감하는 연습을 자주 해 보세요.

소비자를 유혹하는 창의력

설득에서 가장 중요한 요소는 창의력입니다. 나의 이야기를 듣는 사람은 대개 무방비 상태에서 듣기 때문이죠. 따라서 어디로 튈지 모르는 상대방의 반응에 유연하게 대처해야 합니다. 나의 아이디어가 좋다고 생각해서 무조건 밀어붙이면 반발을 사기 쉬우니까요. 유연한 대처를 하려면 다양하게 생각해야 합니다. 다양한 생각은 창의력을 기르면 떠올리기 쉬워지죠. 그렇다면 창의력을 키우려면 어떤 연습이 필요할까요?

무엇보다도 생각을 유연하게 해야 합니다. 모든 문제에 대한 답이 여러 개라고 생각하는 것이죠. 예를 들어 운동화는 디자인할 때 발에 딱 맞게 하는 것이 기본입니다. 하지만 뒤꿈치를 자주 꺾어 신는 습관이 있는 사람들을 위해 뒤꿈치를 잘라버려도 되지 않을까요?

LE SABOT CÂSSE.

Vous m'en remercierés un jour .   Pour vous punir, jeune Coquette .
Il faut vous corriger, levés votre jacquette .   D'Etvoir si bien appris l'Alphabeth de l'amour .

뮬

뮬은 뒤가 없고 앞은 마감되어 있는 신발 스타일을 지칭하는 프랑스어다. 뮬의
굽 높이는 다양하다. 1950년대 초, 마릴린 먼로의 영향으로 대중적인 인기를
얻었다.

실제로 그런 운동화가 나오기도 했고요. 아예 제작될 때부터 뒤꿈치가 없으니, 신발을 꺾어 신는 사람들은 눈치 보지 않고 신을 수 있게 됐지요. 그런 신발 스타일을 '뮬Mule'이라고 합니다. 원래는 하이힐 같은 구두의 한 종류였으나, 창의적인 생각 덕분에 다양한 신발에 적용되었어요.

창의적인 생각을 거듭할수록 '답정너'의 함정을 피할 수 있어요. 답정너는 '답은 정해져 있고, 너는 대답만 하면 돼'라는 신조어입니다. 하지만 어떤 문제의 답은 하나가 아닐 수도 있습니다. 그래서 사람들은 답정너를 좋아하지 않는답니다.

미국 로스앤젤레스의 어느 디자이너는 9년 동안 아침마다 매일 다른 길로 출근했다고 해요. 매번 새로운 길을 걸으며 그동안 몰랐던 멕시코인 가정의 빨래 너는 방식을 배우고, 골목에서는 아이들이 어떻게 노는지 배우고, 어떤 가게들이 인기를 끌고 있는지도 배웠다고 하네요. 이처럼 새로운 것을 접하려고 노력한다면 창의력을 기를 수 있습니다.

범죄 영화를 보면 경찰이 벽에 관련 사진들을 붙여 놓고 빨간 실로 연결하면서 추리하는 장면이 자주 나옵니다. 그것을 보면서 범인을 찾아내기 위해 여러 가지 가설을 세우고 하나하나 입증해 나가지요. 사람들은 서로 다르게 생긴 것처럼 각기 다른 생각을 합니다. 그래서 세상은 재미있어지고, 자고 일어나면 새로운 뉴스가 나오는 것이지요.

이처럼 어떤 문제에 대한 답이 하나밖에 없다는 생각을 과감히 버리세요. 그러면 창의적인 생각이 저절로 떠오릅니다. 하나의 정답은 수학 시간에만 필요합니다. 문제를 슬기롭게 해결하려면 여러 개의 답을 생각해 내는 훈련을 자주 해 보세요.

'AIDA'가 무엇인지 아시나요? 소비자가 광고를 보면 어떤 단계를 거쳐 반응을 보이는지 설명하는 모델이에요. '소비자 행동 모델'이라고도 부르죠. 먼저 'A'는 '주의Attention'를 줄인 말입니다. 'I'는 '흥미Interest', 'D'는 '욕구Desire', 'A'는 '행동Action'을 줄인 말이지요. 그러니까 AIDA에 따르면, 소비자가 광고를 보면 주의를 집중하게 되고, 흥미와 구매 욕구를 가지게 되어서 구매 행동으로 이어진다는 것입니다. 어떤 제품을 구매했을 때를 돌이켜 보면 대개 그런 과정을 거치지 않았을까요?

AIDA에 영어 D를 빼고 S 두 개를 더 붙인 'AISAS' 모델이란 것도 나왔어요. AIDA에 있었던 욕구를 품는 것을 '검색Search'으로 바꾼 것이지요. 마지막 S는 구매한 이후 그 물건을 주변에 '공유Share'한다는 것을 의미해요. 최근 SNS 활동을 활발하게 하는 소비자가 보이는 행동에 더 걸맞죠? SNS에 자신의 소비를 과시하거나, 알리는 행동을 생각하면 더 빨리 이해가 될 것입니다.

이러한 소비자 행동 모델들은 창의력이 전제되어야 합니다. 즉 광고에서 창의력은 떼려야 뗄 수 없는 능력이죠. 타인의 관심을 불러일으키기 위해서는 창의력이 필수입니다. 누군가를 설득하고, 욕구를

공익 광고

창의적인 아이디어는 공익 광고에서 많이 볼 수 있다. 공익적 메시지를 전달하는 공익 광고 특성상 사람들에게 경각심을 심어 주어야 하기 때문이다.

2019년부터 2020년까지 호주에서 산불이 크게 발생했다. 호주의 산불로 인해 약 1100만 헥타르에 걸쳐 서식하던 동물 약 12억 5000만 마리가 생명을 잃었다. 피해가 극심했던 호주를 위해 많은 도움이 필요했다.

전 세계에서는 호주의 극심한 상황을 알리고 산불에 대한 경각심을 주기 위해 공익 광고를 만들었다. 이 광고 또한 불타고 있는 캥거루를 숲과 접목해서 만든 획기적인 광고 중 하나다.

샘솟게 해서 구매로 이어지게 하는 모든 단계에는 광고가 필요해요. 그러니 광고를 볼 때 '저 광고는 어떤 욕구를 자극하고 있지?'라는 생각을 하면서 본다면 훨씬 더 재미있을 거예요.

광고 ON:
이런 광고 저런 광고

광고라고 하면 기업의 상업 광고가 먼저 떠오르지요? 그런데 광고
는 생각보다 종류가 많답니다. 알리고자 하는 목적과 대상에 따라
상업 광고 이외에도 공익 광고나 정치 광고, PPL 광고 등 다양한 종
류의 광고가 있어요. 함께 살펴보도록 하죠.

공익 광고

공익 광고는 조금 더 나은 세상을 만들기 위해 사회적인 문제를 알
리거나, 문제를 개선하는 아이디어를 담은 광고입니다. 주로 정부 기
관이나 비영리 단체에서 시행합니다. 그런데 최근에는 기업들도 자
발적으로 사회에 공헌할 수 있는 아이디어를 담은 공익 광고를 많이

1950년대 뉴질랜드 보건부의 건강 포스터

선보이고 있어요. 기업이 판매하는 제품과 직접 관계가 없더라도, 기업은 공익 광고를 만들어 기업의 이미지를 좋게 만듭니다. 기업의 이미지가 좋아야 제품을 많이 팔 수 있으니까요.

런던 의회모집위원회 정치 광고

정치 광고는 정치에 뜻을 가진 후보자나 특정 정당을 홍보하는 광고입니다. 물론 경쟁자의 의견에 반대하는 목적으로 만들기도 합니다. 정치 광고는 대통령이나 국회의원, 시의원, 구의원 등을 뽑는 선거 캠페인 기간에 주로 시행하지요. 무조건 이기고 보자는 자세로 거친 표현을 하거나, 상대를 근거 없이 비방한다면 효과가 없습니다.

바레인 GP 2006에서의 말보로 광고

스폰서십Sponsorship 광고는 기업이 다른 단체나 정부 기관의 어떤 특별한 이벤트를 후원하기 위해 비용을 지불하는 광고입니다. 예를 들어, 국제적인 큰 대회가 열리면 기업은 선수의 옷에 기업의 이름을 살짝 넣거나 크게 눈에 띄지 않는 방식으로 기업을 광고합니다. 소비자에게 광고라는 느낌을 주지 않으면서도 기업의 이미지를 높이는 데 도움이 될 수 있지요.

PPL 광고

미국 코미디 영화 〈이상한 커플〉의 랜더스 베이글 광고

PPLProduct Placement 광고는 영화, TV 프로그램, 비디오 게임 같은 엔터테인먼트에 기업의 제품이나 서비스를 슬쩍 배치하는 광고입니다. 프로그램의 흐름을 해치지 않고 그 안에 자연스럽게 녹아 들어가게 하는 것이 비결이지요. 주인공이 아침에 밥을 먹을 때 우유나 시리얼 제품이 자연스럽게 소품으로 들어갑니다. 급하게 출동하는 형사가 타는 자동차도 특정 브랜드의 차를 계약해서 제공하지요. 광고가 지나치면 소비자가 불편해할 것이므로 조심스럽게 배치해야 합니다.

네이티브 광고

모바일 네이티브 광고

'네이티브Native'는 '꾸밈없는'이라는 뜻입니다. 네이티브 광고는 광고 가 아닌 듯이 자연스럽게 보이도록 만든 광고입니다. 주로 기업이 웹사이트나 소셜 미디어 플랫폼에 광고를 올리는데, 기사인지 광고 인지 구분하기 어렵게 만들지요. 따라서 네이티브 광고는 세심하게 구상해야 합니다. 특정 제품이나 서비스를 대놓고 자랑하지 않아야 하거든요. 그리고 소비자에게 정말로 유용한 정보를 제공해야 하겠 지요.

게릴라 광고

폴저스의 게릴라 광고

'게릴라Guerilla'는 적의 빈틈을 노리고 기습하는 부대입니다. 그러니까 게릴라 광고는 틀에 얽매이지 않고 예상치 못한 방식으로 시행하는 광고죠. 이 광고는 제품이나 서비스에 대한 입소문과 흥미를 유발하기 위해 사용합니다. 게릴라 광고의 대표적인 예로 뉴욕의 '폴져스Folgers'라는 커피 회사의 광고가 있습니다. 뉴욕에는 유난히 맨홀이 많아요. 그런데 맨홀에서 김이 모락모락 피어나는 모습을 보고는 맨홀에 커피잔을 그려 넣은 것입니다. 하루 종일 커피잔 같은 맨홀에서 김이 나니, 행인들은 커피를 마시고 싶어 했죠. 폴져스는 맨홀 옆에 "도시는 절대 잠들지 않는다니까요. 일어나세요."라는 카피를 덧붙여 고객의 심리를 저격했어요.

인플루언서 광고

아일랜드 패션 광고

소셜 미디어에서 활동하는 유명한 인플루언서와 협력해서 그들의 팔로워들에게 제품 또는 서비스를 홍보하는 광고입니다. 친밀감이 높은 인플루언서의 추천은 소비자의 구매 결정에 크게 영향을 줍니다. 특히 뷰티나 패션 분야에 더욱 효과적이라고 해요. 게시글을 올려 홍보하기도 하지만 짧은 영상으로 제품을 알리기도 합니다.

화장품 라이브 방송 광고

라이브 방송은 제품이나 서비스를 판매하는 광고입니다. 흔히 '라방'이라고 줄여 말하지요. 일반인도 스마트폰으로 어디서든 제품을 광고할 수 있어요. 라이브 방송의 장점으로는 방송하며 소비자와 실시간으로 소통할 수 있다는 것과 매출 결과도 알 수 있다는 점입니다.

그 밖에도 새로 개봉할 영화를 알리는 '영화 광고', 즉각적인 반응을 유도하는 '직접 반응 광고', 제품이나 서비스의 장점을 다른 제품과 맞비교하는 '비교 광고', 제품이나 서비스를 사용해 보고 만족한 실제 소비자가 등장하는 '추천 광고', 제품이나 서비스 물량이 적으니 즉시 사게끔 호소하는 '희소성 광고', 유튜브나 인스타그램 같은 소셜 미디어를 통해 널리 공유하기를 기대하면서 만드는 '바이럴Viral 광고' 등 마케팅 목적에 따라 시행하는 광고의 종류는 다양합니다. 그래서 마케터는 소비자, 광고 예산, 목표, 제품이나 서비스의 특성에 맞는 광고를 선택해서 사용합니다. 물론 여러 가지 종류를 섞어서 쓰기도 하지요. ◉

2장 꼭꼭 숨겨진
광고의 비밀

누가 광고를 만들까

광고 만드는 사람들

우리가 매일 만나는 광고는 도대체 누가 만드는 것일까요? 한 편의 광고를 만들기 위해서는 생각보다 훨씬 많은 광고 전문가가 필요합니다. 광고를 만드는 대표적인 직업 몇 가지를 소개해 드리지요. 혹시 나중에 여러분이 광고에 흥미를 느껴 이와 관련된 직업을 선택할 수도 있을 테니까요.

광고 기획자

광고를 만들기 위해서는 기획을 먼저 해야 합니다. 광고 기획을 하는 사람을 '광고 기획자Account Executive'라고 불러요. 이름을 줄여서 AE라고 부릅니다. '광고주Account'와 '경영자Executive'의 영어 앞 글자를 딴 용어지요. 이들은 광고주의 광고 기획을 책임지는 사람입니다.

AE는 글을 쓰는 '카피라이터'와 그림을 그리는 '아트 디렉터'와 함께 실제로 광고를 만듭니다. 신제품 라면을 광고한다면, 광고에서 '맛'을 강조할지, '영양'을 강조할지, '성분'을 강조할지를 AE가 결정해요. 그러려면 소비자도 많이 만나고, 자료 수집도 많이 해야겠지요. 늘 새로운 일을 꾸미고, 기획하고, 실행하는 재미있는 직업이랍니다. 그러니까 궁금한 것이 많은 사람에게 어울리겠지요?

사람들과 잘 어울리려면 성격도 밝아야 해요. 여러분은 평소에 새

AE는 다양한 분야의 광고 기획을 해야 하니 지식을 넓힐 수도 있겠어. 게다가 여러 전문가와 소통하면서 시장 변화에 대응하는 능력도 기를 수 있겠군!

(꾸벅)

저자가 시행한 공익 광고 캠페인

로운 아이디어 찾는 일을 좋아하시나요? 재미있는 행사나 이벤트를 제작해 보고 싶나요? 쉽게 넘어가는 별것 아닌 날에도 작은 웃음을 동원해 주위 사람들을 즐겁게 하나요? 그렇다면 딱 어울리는 직업입니다. 꼭 광고가 아니어도 기획하는 일은 참 재미있고 중요한 일이랍니다.

내가 기획한 아이디어가 TV에 나오고, 유튜브와 틱톡TikTok을 통해 전 세계로 퍼져 나간다면 얼마나 좋을까요? 최근 저는 학교에서 '먼저 인사합시다!'라는 공익 광고 캠페인을 시행했어요. 교수가 인사하는 모습을 포스터에 담았죠. 물론 학생이 인사하는 포스터도

광고 캠페인

광고 캠페인은 특정한 광고 목표를 달성하기 위해 일정 기간 계속 실시하는 광고 활동이다. 반복에 의한 지속적인 누적 효과에 의해 소비자의 태도 형성 및 변화를 이끌어 내는 것이 목표다. 광고는 일회성이지만 광고 캠페인은 다회성이라는 점에서 광고와 광고 캠페인의 차이가 있다.

만들었고요. 그런데 인사하는 포스터만으로는 재미가 없겠지요? 그래서 포스터를 벽에 절반만 붙였어요. 포스터를 하단에서 중간까지만 붙인 것이죠. 그러면 상단이 아래로 축 처지게 되겠죠? 포스터가 반만 붙어 있고 반은 늘어져 있으니까 지나가던 학생들이 궁금해서 들쳐 보았어요. 그러면 인사하는 교수의 전체 모습을 보게 되는 것입니다.

포스터를 붙인 뒤로부터 복도에서 모르는 사람에게 인사하지 않던 학생들이 하나둘씩 가벼운 인사를 하게 됐답니다. 이 광고 이야기는 언론사에 알려져 신문에도 나왔습니다. 〈KBS-TV〉에서 취재를 나와 이 광고 캠페인을 자세히 보도해 주었죠. 모델은 교수와 학생들이 했고, 디자인도 학생들이 했으니, 비용은 거의 들지 않았답니다. 포스터를 인쇄하는 비용만 들었지요. 어때요? 광고 사례를 들으니 머릿속에 새로운 아이디어가 자꾸 샘솟고 그것을 실제로 구현해 보고 싶은가요? 그렇다면 도전해 볼 만한 직업이 AE입니다.

광고 제작 총책임자

광고 제작 총책임자를 '크리에이티브 디렉터Creative Director'라고 불러요. AE처럼 이들의 이름도 줄여서 CD라고 부릅니다. 광고 기획자인 AE가 광고의 주제와 방향을 책임진다면, CD는 광고의 실제 제작을 책임져요. 광고 제작의 대장이라고 할 수 있지요 CD는 TV 광고를 만들고, 인쇄 광고와 디지털 광고도 만듭니다. 광고 회사에서 CD는 AE처럼 '카피라이터', '아트 디렉터'와 짝을 이루어 함께 일합니다.

먼저 광고 제작의 책임자인 CD가 광고 표현을 이끌어갈 주제를 정합니다. 그러면 카피라이터가 주제를 슬기롭게 표현할 한 줄의 카피를 뽑습니다. 동시에 아트 디렉터는 그것을 시각적으로 어떻게 표현할지 정합니다. 물론 반대의 경우가 있기도 합니다.

그렇게 두 사람이 계속 아이디어를 발전시켜서 광고 시안을 작성합니다. 그런 다음에 CD가 그 아이디어를 평가하고 광고가 성공할 수 있을지 판단합니다. 그래서 카피라이터와 아트 디렉터는 CD를 무서워하기도 합니다. 밤새 생각해 온 아이디어를 단 몇 초 만에 거절하니까요. '더 좋은 아이디어'를 외치며 CD는 계속 새로운 아이디어를 요구합니다. 그렇게 몇 번이고 거절에 거절을 거듭하다가 어느 순간에 선정된 아이디어가 실제로 광고로 만들어지는 것입니다.

그러니까 CD는 마케팅은 물론 카피와 디자인에 대해서도 잘 알아야 합니다. 광고 제작의 최종 책임자이니까요. 보통 카피라이터나 아트 디렉터가 10년 넘게 일을 하다가 능력을 인정받으면 CD가 됩니다.

카피라이터

'카피라이터Copywriter'는 광고의 카피를 쓰는 작가입니다. 광고에서 '카피Copy'란 광고에 들어가는 모든 글이죠. 카피라이터는 광고를 만드는 과정에서 매우 중요한 역할을 담당합니다. 소비자가 쉽게 이해할 수 있도록 광고 콘셉트를 부드러운 언어로 써요. 물론 그림으로도 콘셉트를 표현할 수 있지요. 하지만 어려운 콘셉트를 쉽게 바꾸려면 먼저 글로 써야 아이디어가 명확해진답니다.

나이키의 카피

예를 들어, 드럼 회사의 광고 콘셉트가 '소리가 경쾌한 드럼'이라고 합시다. 그런데 광고에서 소비자에게 그렇게 직접적으로 말하면 성공하기 어렵지요. 재미가 없으니 아무도 읽지 않을 테니까요. 어느 카피라이터가 설명 대신 "드럼을 치기 전까지는 사람을 치는 것이 일이었다"라는 카피를 썼다고 가정해 봅시다. 이렇게 눈길을 끄는 카피라면 사람들이 더 주목하겠죠?

카피는 경제학이고 문학이면서 심리학이기도 합니다. 광고 카피라이터는 제품이나 서비스의 좋은 점을 찾아 큰 소리로 말하는 직업입니다. 글솜씨가 있다는 평을 듣거나, 재미있는 글쓰기를 좋아한다면 한번 도전해 볼만 하지요?

아트 디렉터

'아트 디렉터Art Director'는 광고의 디자인을 담당합니다. 카피라이터가 글 위주로 아이디어를 낸다면, 아트 디렉터는 그림 위주로 생각합니다. 결국 모든 광고는 글과 그림으로 이루어져 있으니까요. 물론 글을 잘 쓰는 아트 디렉터도 있고, 그림 아이디어를 잘 내는 카피라이터도 있지요. 상관없어요. 좋은 광고 아이디어만 내면 되니까요.

아트 디렉터는 아이디어가 떠오르면 손으로 스케치하거나 자료

사진을 모읍니다. 펜이나 노트북만 있으면 되는 카피라이터와는 달리, 아트 디렉터는 포토샵 같은 디자인 도구를 쓸 줄 알아야 합니다. 그래야 머릿속의 재미있는 아이디어를 구체적으로 표현할 수 있으니까요. 인공지능이 발전해서 텍스트를 입력하면 원하는 그림을 대신 그려주는 '미드저니Midjourney' 같은 소프트웨어도 등장했습니다. 하지만 좋은 광고 아이디어를 내려면 역시 상상력 뛰어난 아트 디렉터만의 감성이 필요하지요.

최근 전 세계 광고계에서는 카피 없이 이미지로만 만든 광고가 유행이랍니다. 가뜩이나 알아야 할 것이 많으니, 광고에 제품 이야기를 글로 길게 설명할 여유가 없기 때문입니다. 인상적인 이미지 하나로 광고하는 제품의 느낌을 강력하게 전달하는 것이 바로 아트 디렉터의 능력인 것이죠. 그러니 아이디어가 떠오를 때 그림이 머릿속에 떠오른다면, 아트 디렉터에 도전해도 좋겠습니다.

광고 PD

광고 PD는 영상 광고를 기획하고 관리하는 일을 담당합니다. '제작자Producer'라는 말을 줄여서 PD라고 부르죠. 이전에는 주로 PD가 TV 광고만 담당했는데, 이제는 틱톡이나 인스타그램 릴스Instagram Reels 같은 소셜 미디어용 영상 광고도 제작합니다.

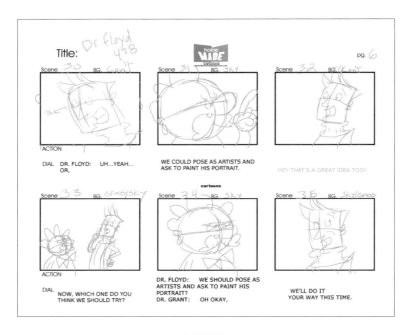

스토리보드

영화나 TV 광고 또는 애니메이션 같은 영상물을 제작하기 위해 작성하는 문서다. 스토리보드는 '콘티'라고도 불린다. 영상 제작에 필요한 모든 사항을 장면마다 기록한 문서이기에 매우 중요하다. 영상의 흐름을 설명하기 위한 이야기, 구성 요소, 촬영 정보, 동선 등 제작 시 필요한 정보들을 스케치해 두는 것이 특징이다. 그래서 장면의 번호, 의상, 화면의 크기, 촬영 각도 등까지 적혀 있다. 스토리보드는 제작에 들어가기 전에 각본을 점검하는 데 유용하게 쓰인다. 촬영 및 편집 시 일종의 가이드 라인으로 사용되어 효율적인 작업을 가능하게 한다.

PD는 주로 전략에 맞는 영상 아이디어를 '스토리보드'로 구체화해서 광고 영상을 기획합니다. 광고 제작비를 산정하고 규모 있게 쓰는 것도 그의 일입니다. 광고의 촬영과 편집, 녹음, 연출 작업 같은 실제 제작은 광고 감독에게 맡기죠. 광고 PD는 비용이 많이 들어가는 영상 광고를 담당하므로 결과에 대한 책임은 무겁지만 재미있는 직업입니다. 평소에 영상 촬영을 좋아하고 아이디어를 영상으로 표현하는 일을 좋아한다면 이 직업에 도전해 보세요.

광고 PD는 해외 촬영을 하러 가는 일도 많답니다. 자동차나 기업 광고처럼 규모가 큰 경우 광고에 필요한 촬영 조건을 맞추기 위함입니다. 이런 경우 광고 PD가 직접 나서서 활약해야 하죠. 그러니 평소에 아이디어를 여러 컷으로 이루어진 만화로 그리는 것을 좋아한다면 해 볼 만한 직업이에요. 광고의 메시지를 전달하기 위해서는 스토리보드를 구상해 보는 연습이 필요하거든요. 떠오르는 이야기를 낙서하듯 연결해 그리며 광고를 구상해 보세요. 이러한 연습이 잘되어 있다면 광고 PD는 물론이고 영화 시나리오 작가, 웹툰 작가, 영화 감독도 될 수 있을 것입니다.

광고 감독

광고 감독은 TV에 나오는 영상 광고를 제작합니다. 광고 감독은 제

광고 감독과 광고 PD는 엄연히 달라! 광고 감독은 직접 촬영을 하는 직업이야. 촬영하면서 창의적인 비전과 연출을 담당해.

그런데 광고 PD는 영상 광고 제작 전체의 책임자로 아이디어부터 완성까지를 책임지는 직업이야.

품에 어울리는 멋진 영상을 찍어 시청자의 눈길을 사로잡지요. TV 광고는 보통 15초나 20초, 30초 정도의 짧은 길이로 만들어집니다. 영상이 눈 깜짝할 사이에 지나가죠. 그래서 하고 싶은 말을 압축해서 짧고 강하게 표현해야 합니다.

유능한 광고 감독은 소비자에게 한 가지 메시지를 압축해서 전달하기 위해 노력합니다. 요리사의 손맛에 따라 요리가 달라지듯이 감독의 손짓에 광고의 운명이 달라져요. 광고 전략이 아무리 뛰어나도 그것을 광고로 표현하지 못하면 소비자에게 외면받으니까요.

광고 감독이 되려면 감독을 돕는 조감독으로 일을 시작해야 합니다. 처음부터 감독을 맡기는 어렵거든요. 그러다가 많은 것을 배워 감독이 되는 것이지요. 조감독은 어떤 업무를 맡고 있을까요?

조감독은 촬영 현장에서 감독이 전체적인 연출에 집중할 수 있도록 실무적인 업무를 담당합니다. 촬영 계획을 수립하고 일정이 원활하게 진행되도록 촬영 일정을 관리해요. 촬영 현장에서 스태프와 출연자들이 각자 맡은 역할을 효율적으로 수행할 수 있도록 현장도 관리합니다. 감독이 전반적인 연출을 책임지는 동안 출연자들에게 세부적인 연기 지시를 하거나 동선을 관리하기도 해요. 특히 사람이 많이 나오는 촬영에서 중요한 역할을 담당합니다. 촬영에 필요한 장비나 소품도 관리하고 감독, 출연진, 스태프 사이의 원활한 의사소통도 돕습니다. 그리고 촬영이 시작되기 전 필요한 모든 사항을 점검하고, 촬영이 끝난 후에도 세트를 정리하며 후속 작업을 준비합니다.

((•))

미디어 플래너

'미디어Media'는 정보를 전송하는 '매체'입니다. '매체媒體'는 '매개체 媒介體'의 준말이지요. 매개체는 둘 사이에서 어떤 일을 맺어주는 것입니다. 그래서 광고와 소비자를 만나게 하는 것을 '광고 매체'라고 부르는 것이지요. 광고 현장에서는 '매체'와 '미디어'란 말을 함께 씁니다.

'미디어 플래너Media Planner'는 바로 광고 미디어를 담당하는 전문가입니다. 잘 만든 광고도 중요하지만, 소비자에게 효과적으로 다가갈 수 있는 미디어를 고르는 것도 중요하거든요. 미디어에는 방송국,

디지털 사이니지

길을 걷다 보면 옥상이나 건물 상단에 항상 또는 일정 기간 계속 노출되는 광고를 볼 수 있다. 이를 옥외 광고라고 한다. 간판, 현수막, 벽보 등이 옥외 광고의 대표적인 옥외 광고물이다.

디지털 사이니지는 전자 광고물이다. 기존의 아날로그 옥외 광고와는 다르게 PC와 연결되어 실시간으로 광고 내용을 변경하거나 다양한 콘텐츠를 순차적으로 노출할 수 있다. 그리고 석유 화학 폐기물이 적어 자원을 절약하고 환경을 보호할 수 있다.

한국에서 가장 유명한 디지털 사이니지는 서울시 강남구 코엑스 인근에 설치된 디지털 사이니지다. 파도가 요동치는 영상, 농구 경기장 영상 등을 선명한 화질로 상영한다. 이를 통해 여러 기업의 제품을 광고한다.

소셜 미디어 등이 있습니다.

광고를 만들 때 어떤 비용을 가장 많이 쓸까요? 유명 모델에게 주는 모델 비용, 광고 제작비 등이 있지만, 아무래도 광고 미디어 비용이 가장 많이 듭니다. 광고 예산의 약 90퍼센트가 미디어 비용이죠. 광고를 방송하려면 TV 방송국 같은 언론사에 비용을 내야 하니까요. 전국으로 방송하는 공중파 TV 인기 프로그램에 15초 정도를 방송하는 것도 수백만 원에서 수천만 원이 듭니다. 하루에 10번만 방송해도 수억 원이나 들죠. 그런데 방송국이 여러 개니까 그 숫자를 곱하면 하루에도 엄청난 미디어 비용이 발생하게 됩니다.

그런데 TV 방송은 케이블 TV도 있고, 인터넷 기반의 IPTV도 많아요. 유튜브나 틱톡, 페이스북, 인스타그램 같은 소셜 미디어에도 비용을 내야 광고를 할 수 있지요. 게다가 디지털 기술의 발달로 새로운 광고 미디어가 속속 등장하고 있어요. 지하철 스크린 도어, 시내버스, 택시도 미디어입니다. 보이지 않는 미디어는 더욱 많지요. 네이버, 구글 같은 포털 사이트, 소셜 미디어, 모바일 앱, 디지털 사이니지, 양방향 광고, 방송 프로그램이나 신문 기사에 하는 협찬 광고, 간접 광고인 PPL 광고, 인플루언서 광고, AR과 VR 광고, 메타버스 Metaverse 광고, OTTOver-The-Top 광고 같은 새로운 미디어가 계속 등장하고 있습니다. 새로운 광고 미디어가 등장하는 만큼 이를 감당할 예산이 편성되어야 해요.

광고를 어떤 미디어에 어떻게 실으면 효과가 좋은지 계획을 하는 사람이 미디어 플래너입니다. 미디어가 많아지니까 좀 복잡해 보이지만, 평소에 예산을 잘 짜고 잘 쓰는 일에 관심 있다면 도전해도 좋은 직업입니다.

　무심코 지나치는 광고 한 편을 제작하는 데도 전문가가 많이 활약하고 있지요? 광고 업계에는 소개해 드린 직업보다 훨씬 다양하고 많은 직업이 있답니다. 여러 가지 광고의 직종 중 마음에 드는 직종이 있나요? 천천히 살펴보고 원하는 직업을 더 깊게 탐구해 보세요.

제품의 장점은
어떻게 소개해야 할까

마음을 낚아채는 전략

기업은 제품이나 서비스를 널리 알리기 위해 광고를 만듭니다. 광고는 기업 내의 마케팅 부서에서 담당하죠. 마케팅팀에서 일하는 광고 전문가를 '마케터marketer'라고 부릅니다. 마케터는 마케팅 전략을 세웁니다. 각종 조사와 소비자 연구를 통해 제품을 어떻게 마케팅해야겠다는 방향을 설정합니다. 신제품인지 원래 판매하는 제품인지에 따라 광고의 방향이 달라지니까요.

마케팅의 가장 기본적인 전략은 'STPSegmentation, Targeting, Positioning' 전략입니다. 특히 새로운 제품이나 서비스가 나오면 마케팅을 시작하기 위해 이 세 가지를 꼭 따져 봅니다. STP는 마케팅을 잘하기 위한 순서이기도 하지요.

먼저 S는 '세그먼테이션Segmentation'의 첫 글자입니다. '세분화'라는 뜻이지요. 아무리 좋은 제품도 전 국민에게 팔 수는 없으니, 전체 시장을 여러 그룹으로 나누는 것을 뜻합니다. 어느 제품이나 서비스에 관심 없는 소비자에게 마케팅할 필요는 없으니까요. 그래서 마케팅을 하기 전에 게임을 좋아하는 소비자들이 누군지 찾아내고, 맥주를 누가 마시는지, 첫 번째 자동차는 어떤 기준으로 사는지 등 소비자의 세부적인 요구를 따져 봐야 합니다.

온라인 자동차 시장이 활성화되면서 자동차도 전시장이 아닌 온라인에서 살 수 있게 되었어요. 이전에는 상상도 하지 못했던 일이죠. 자동차 가격은 워낙 비싸니까 직접 만져 보고, 전시장에 예약해서 시승도 하면서 자동차를 샀잖아요. 그런데 소비자의 소비 방식이나 라이프 스타일이 점점 바뀌고 있었어요. 이 점을 자동차 마케터가 잘 포착한 것입니다. 이처럼 세그멘테이션이란 소비자의 라이프 스타일이나 사회적 지위, 사는 곳 등으로 시장을 잘게 잘라 전략적으로 접근하는 전략입니다.

다음으로 T를 생각해야 합니다. T는 '타기팅Targeting'의 첫 글자입니다. '타깃Target'이란 '목표', '표적'을 말하는데, 양궁이나 다트의 과녁을 연상하면 쉽습니다. 양궁에서는 원의 한가운데를 맞춰야 높은 점수를 받아요. 마케팅에서도 '표적 시장'을 찾는답니다. 아무리 좋은 제품이나 서비스라도 전 국민에게 마케팅할 수는 없을 테니까요.

타기팅은 시장을 세분화했으니 어디에 집중할지를 선택하는 작업입니다. 그러니 소비자가 시장에 이미 나와 있는 다른 제품들과 자사 제품을 확실히 구분할 수 있게 하는 '차별화' 전략이 필요하죠. 자사 신제품의 확실한 장점을 찾아 기존의 인기 제품과 확실히 다르다고 말해야 합니다. 그런데 시장에 이미 나온 제품이 인기가 많아 경쟁이 어려울 때는 기존 제품만큼 좋다고 말하기도 합니다. '미투 전략Me too strategy'이라는 것도 있으니까요. 일등은 하지 못해도 소비자의 일부를 끌어올 수 있거든요. 하지만 위험한 마케팅 전략이지요. 소비자는 가장 좋은 제품 하나만 기억하니까요.

아예 누구도 건드리지 않는 작은 시장을 찾아내서 마케팅하기도 해요. 그런 마케팅을 '니치 마케팅Niche marketing'이라고 부릅니다. 남들이 성공한 시장에 들어가서 이길 자신이 없다면 사용할 수 있는 현명한 마케팅입니다. 소비자가 불편해 하는 부분을 잘 찾아내어 커다란 성공을 거두는 일도 흔하답니다.

음식 배달 시장은 시장이라 하기에도 너무 미미한 업종이었어요. 그러나 거기에서 새로운 아이디어를 발견한 '배달의 민족'이라는 새로운 모바일 앱 중심의 사업이 대성공을 거두었죠. 전날 주문하면 다음 날 새벽에 집 앞까지 신선 식품을 배달해 주는 아이디어도 '마켓컬리'가 국내 최초로 선보였어요. 평소에 집의 빈방을 전 세계 여행객과 공유하는 아이디어도 '에어비앤비'가 냈어요. 자동차가 몇 시

니치 마케팅

데이케어센터는 부득이한 사유로 가족의 보호를 받을 수 없는 사람들을 주간 또는 야간 동안 보호해 주는 공간이다. 주로 노인, 장애인, 아동 등이 이용한다. 남편 데이케어센터는 아내가 혼자 휴식을 취하거나 쇼핑을 하거나 '나만의 시간'이 필요할 때 남편을 맡기는 곳이다. 아동, 노인 위주였던 데이케어센터의 틈새를 노린 마케팅이다.

간만 필요할 때 시간 단위로 비용을 계산해서 빌리는 것으로 인기를 얻은 '쏘카'도 있지요. 자동차를 가진 개인이 예약을 받아 택시처럼 여행을 도와주는 '우버'도 편리해서 전 세계 여행객에게 인기가 많아요. 이처럼 모든 소비자가 좋아하지 않아도 자신이 마케팅을 잘할 수 있는 분야를 '선택'하고 '집중'해야 합니다.

비 오는 날, 우산 장수는 기분이 좋고, 신발 장수는 슬플 것입니다. 장사가 매일매일 잘 되었으면 할 테니까요. 하지만 인생에서 전부를 얻을 순 없습니다. 그러니 욕심을 버리고 가장 강력한 것 하나만 선택해야 합니다.

슬기로운 마케터는 전 국민에게 제품을 광고하지 않아요. 대표적인 예로는 2020년부터 한국의 보건복지부에서 시행하는 금연 캠페인인 '노담 캠페인'이 있습니다. 캠페인은 성인이 아닌 청소년을 대상으로 설정했죠. 이처럼 효과적인 마케팅을 위해서는 대상을 제대로

'노담' 캠페인은 한국에서 청소년을 대상으로 하는 금연 캠페인이야. 'No'와 '담배'를 합친 말이지. "네가 노담이면 좋겠어"라는 카피가 유명해. 홈페이지 한 번 구경해 볼래?

설정하는 것이 중요해요. 중요한 만큼 어렵죠. 인생뿐 아니라 마케팅에서도 의사 결정이 이렇게 어렵답니다.

세 번째 단계는 P인데, '포지셔닝Positioning'의 첫 글자입니다. 축구 경기의 '포지션Position'이라는 용어를 연상하면 무슨 말인지 이해하기 쉬울 거예요. 축구 선수들은 경기하는 내내 자신이 담당하는 위치를 지키며 경기를 하지요. 그래야 팀플레이를 할 수 있으니까요. 마치 축구 선수처럼 마케팅하려는 제품을 소비자의 머릿속에 인식시키는 일이 포지셔닝입니다.

새로 나온 립스틱 제품을 마케팅한다면 어떻게 포지셔닝을 해야 할까요? 우선 제품이 어떤지 따져 보고 위치를 정해야 합니다. 그래야 소비자 마음에 확고하게 자리 잡을 수 있으니까요. 그 후에 경쟁사 제품과 비교를 해야 합니다. 마케팅에는 이러한 전략적인 판단이 꼭 들어가야 해요.

마케터는 이렇게 STP 전략을 통해 광고하려는 제품의 마케팅 방향과 콘셉트를 정한 후 광고 대행사를 만나게 됩니다. STP 전략을 자세히 살펴보니 이미 마케터가 된 기분이 들지 않나요?

장점은 더 크고 멋있게

'광고 대행사'는 광고 기획과 제작의 전문가들이 모여 있는 회사입니다. 그런데 왜 '대행사Agency'라고 부를까요? 기업은 광고를 기획하지만 만들진 않습니다. 회사 내에 광고 전문가가 없기 때문이죠. 기업은 대개 좋은 제품이나 서비스를 끊임없이 만들어 내는 연구개발팀, 그것을 널리 알려 잘 팔리게 하는 마케팅팀, 실제로 일선에서 판매자나 소비자를 만나 제품을 판매하는 영업팀 등을 갖추고 있어요. 그래서 제품을 본격적으로 광고할 때는 전문 회사에 맡기는 것입니다. 세금 관련 업무를 세무사가 있는 세무 법인에 맡기고, 법률 문제 해결을 위해 변호사가 모인 법무 법인에 맡기는 것과 같지요. 광고 대행사 또한 기업이 기획해야 할 광고 아이디어를 대신 맡아서 생각합니다. 광고 대행사는 풍부한 소비자 데이터와 복잡한 소비자 심리조사 등을 통해 광고하려는 제품이나 서비스를 연구합니다. 그래서 더욱 효과적인 방식으로 소비자를 만나는 방법을 개발합니다.

'페인 포인트Pain point'라는 용어를 들어 봤나요? 어떤 제품이나 서비스에 대해 소비자가 불편하게 여기는 부분을 뜻합니다. 제품을 만들기만 하면 다 팔리던 시절에는 그런 것에 신경 쓰지 않았어요. 하지만 요즘 소비자들은 광고에 적극적으로 참여합니다. 소비자는 댓글에 제품의 장단점이나 반응을 남기고 공유하죠. 따라서 광고 대행사의 전문가들은 소비자의 페인 포인트를 미리 생각해서 광고 아이디어에 반영합니다. 기업은 제품을 개발하기 전에, 광고 대행사는 소비자가 공감할 광고를 만들기 위해 페인 포인트를 연구합니다.

아울러 광고 대행사는 광고를 하기 위해 제품이나 서비스의

엠앤엠스의 USP가 적힌 광고

'USPUnique Selling Proposition'를 찾기 위해 노력합니다. USP란 '독특한 판매 제안'을 말합니다. 그러니까 그 제품만 가지고 있는 하나의 독특한 특징이지요. 모든 제품에는 그 제품만의 독특한 이야기가 들어 있으므로 그것을 찾아내어 광고해야 성공한다는 것입니다.

예를 들어, 엠앤엠스M&M's 초콜릿의 USP는 "손에서는 안 녹고, 입에서는 잘 녹아요Melts in your mouth, not in your hand"입니다. 엠앤엠스 초콜릿은 단추 모양 초콜릿의 겉을 사탕처럼 코팅해서 만들기 때문에 손으로 집어도 녹지 않아요. 경쟁사의 다른 제품들은 따라 하지 못했던 USP죠. 도미노피자Domino's Pizza는 "30분 안에 갓 구운 따끈한 피자를 문 앞에 배달하지 못하면 무료로 드립니다"라는 USP를 내세웠어요. 물론 지금은 배달 사고가 많이 나서 정책을 바꾸었지만요.

USP를 기반으로 광고 아이디어를 개발한 광고 대행사는 광고주인 기업에게 아이디어를 제시합니다. 기업에서 승인한다면 그 아이디어를 광고 제작회사에 제작해 달라고 맡깁니다. 광고 대행사에는 광고 감독이 없어요. 그러니까 광고 대행사는 광고 아이디어를 전문적으로 개발하고, 실제 제작은 광고 제작회사에서 하지요. 대행사가 개발한 영상 광고의 스토리보드를 광고 감독이 받아 촬영하고, 편집하고, 녹음합니다.

운동화 광고를 잘 찍는 감독, 화장품 광고를 잘 찍는 감독, 자동차 광고를 잘 찍는 감독이 따로 있어요. 광고를 연출하는 감독이 중요하지만, 촬영 감독과 미술 감독의 역할 또한 상당히 중요합니다. 멋진 영상을 만들어 내기 위해 수많은 전문가가 자신의 특기를 살려 열심히 노력합니다. 조금 더 다양한 시각으로 영상을 찍기 위해 외국의 광고 감독에게 촬영을 맡기기도 해요. 영상 광고의 편집은 편집 회사에서 전문 편집 감독이 담당하고, 녹음은 녹음 스튜디오에서 녹음 감독이 진행합니다. 인쇄 광고나 배너 광고 역시 전문 디자이너가 제작합니다.

완성된 광고가 승인되면 영상 광고는 방송국으로, 디지털 광고는 소셜 미디어 채널에 보내요. 각 채널에 광고를 보냈다면, 소비자의 반응을 볼 시간입니다. 이전에는 애써 만든 광고를 각종 미디어에 실어 소비자에게 공개해도 반응을 알기 어려웠어요. 그러나 인터넷이 등장하면서 바로 반응을 알 수 있게 되었어요. 쌍방향 광고 시대가 되었거든요.

소비자는 재미있는 광고와 자신에게 쓸모 있는 광고에 박수를 보냅니다. 아는 사람에게 광고를 공유하기도 하죠. 광고하는 기업은 참 좋겠지요? 하지만 과장 광고나 소비자를 우롱하는 잘못된 광고에는 야유를 보냅니다. 소비자는 나쁜 광고도 좋은 광고처럼 주변에 공유합니다. 기업은 곤란해지겠지요? 그래서 기업은 처음부터 좋은 제품을 개발해야 하고, 좋은 광고를 만들어야 합니다. 소비자는 현명합니다. 어떤 때는 기업보다 올바른 정보를 더 많이 알고 있기 때문입니다.

아이디어는
어떤 방식으로 낼 수 있을까

기억에 남고 싶어!

"그 광고 참 재미있다"라는 말은 광고의 아이디어가 창의적이라는 뜻입니다. '창의성Creativity'이란 새롭고 독창적인 아이디어를 생각해 내는 능력을 말하지요. 광고에서 창의성은 참 중요합니다. 창의성 덕분에 다른 광고와 구별되면서도 소비자의 관심을 사로잡는 광고를 만들 수 있으니까요.

소비자는 밋밋한 광고보다 창의적인 광고를 잘 기억합니다. 참신한 광고라면 주변 사람에게 공유할 확률도 크죠. 광고를 소비자가 잘 기억해 줄수록 브랜드 인지도가 올라갑니다. 만약 어떤 제품을

안티캄니아 화학 회사의 광고

안티캄니아 화학 회사는 진통제를 광고하기 위해 회사의 아이콘 '퍼니 본즈'가 안경과 정장을 입고 춤을 추는 모습을 연출했다. 당시 진통제는 코데인과 퀴닌이 혼합된 독성이 강하고 중독성이 강한 약이었다. 이 광고는 유머를 사용해 제품의 위험성을 숨긴 대표적인 광고 중 하나다.

구매하려고 할 때, 기억나는 광고가 있다면 그 광고에서 홍보하는 제품을 사겠죠? 이처럼 광고의 창의성이 클수록 기억에 남고, 매출도 높아질 수 있습니다.

광고와 창의성은 절대로 뗄 수 없는 관계입니다. 소비자는 다 아는 내용에 귀 기울이지 않거든요. 그래서 광고인들은 항상 새로운 아이디어를 생각합니다. 만약 어제 보았던 뉴스나 드라마가 매일 방영된다면 아무도 방송을 보지 않겠죠? 새로운 신발을 사러 갔더니 작년에 산 똑같은 신발만 있는 경우와 같습니다. 이처럼 사람들은 새로운 것을 좋아합니다. 물론 오래된 것을 좋아하는 사람도 있습니다. 하지만 각 분야에서 항상 새로운 아이디어를 꿈꾸고 실행해 내는 사람들이 있어 세상의 발전에 한몫하는 것 아닐까요?

그렇다면 어떻게 광고를 창의적으로 만들 수 있을까요? 몇 가지 방법을 알려드리겠습니다. 세계적으로 가장 많이 사용하는 방법은 '유머'입니다. 광고나 대화에서 유머를 잘 활용할수록 광고와 소비자 사이의 거리를 줄일 수 있습니다. 유머로 먼저 다가간다면 서먹서먹한 사이라도 금방 친해지는 것처럼요. 불필요한 경계심을 지워버리는 데 유머는 큰 역할을 합니다. 아무리 심각한 일이 있어도 재미있는 생각 하나가 떠오르면 어려운 일도 쉬워져요. 한 번 웃고 열심히 해 보는 것이죠.

사람은 누구나 힘들고 피곤합니다. 매 순간 웃으며 살 순 없어요. 그래서 유머를 여유라고 합니다. 매일 여유가 있는 삶은 꿈에 가깝죠. 하지만 힘든 순간의 찰나에 발견한 여유는 갈증을 해결하는 물 같아요. 모든 사람이 목마를 때마다 물을 마시듯, 유머 또한 그러합니다. 광고에서 필요한 순간에 발휘되는 유머는 독자에게 큰 웃음을 주며 기억에 남을 거예요. 음향 효과 없이 영상만으로 만들어진 무성 영화 시대의 희극 영화배우 찰리 채플린Charlie Chaplin은 "웃지 않은 하루는 낭비한 하루다"라는 말을 했지요. 이처럼 유머는 삶에서뿐만 아니라 광고에서도 정말 중요합니다.

또 광고는 예상치 못한 '반전反轉'을 자주 사용합니다. '반전'이란 반대 방향으로 전환한다는 뜻이지요. 영어로는 '트위스트Twist'라고 합니다. 꽈배기 과자처럼 비튼다는 이야기죠. 그러니까 작가가 잘 흘러가던 이야기를 예상과 다른 방향으로 바꾸는 것입니다. 감상자는 배신감을 느낄지라도 재미있을 거예요. 여러분도 발표할 이야기가 있다면 반전을 한번 활용해 보세요. 반전은 어디에나 사용할 수 있습니다.

그렇다면 반전을 활용한 광고 아이디어를 하나 만들어 볼까요? 똑같은 장난감에 질린 아이가 등장합니다. 아이는 장난감을 집어 던지고 밖으로 놀러 나갑니다. 놀다가 방에 들어와 보니 장난감들이 움직이며 반갑게 아이를 맞이해요. 알고 보니 로봇 장난감 광고였네요. 이렇게 이야기에 반전을 집어넣으니 기억하기 좋은 이야기가 됐지요? 물론 세상의 모든 이야기에 반전이 들어 있지는 않습니다. 끝날 때까지 아무 일도 일어나지 않는 이야기도 있으니까요. 하지만

광고는 워낙 짧은 시간에 메시지를 전달해야 해요. 그래서 강한 기억을 남기기 위해 반전을 활용하는 것이랍니다.

광고는 눈에 띄는 이미지를 사용합니다. 유명 모델이 대표적이죠. 광고는 짧은 시간에 강한 인상을 주려고 유명 모델을 자주 출연시킵니다. 아무래도 익숙하거나 유명한 모델이라면 소비자가 제품을 기억하는 데 유리하니까요. 때로 유명 모델에게 주는 비용이 너무 비싸다거나, 한 모델이 여러 제품의 광고에 동시에 나온다는 비난을 받기도 해요. 하지만 워낙 광고 경쟁이 치열하다 보니 기업은 유명 모델을 기용해서 빠른 효과를 얻으려고 합니다. 소비자가 연상을 통해 제품을 기억할 수 있도록 제품과 어울리는 캐릭터를 제작해 광고에 쓰기도 해요. 뽀로로처럼 이미 유명해진 애니메이션의 캐릭터를 사서 광고에 쓰기도 하지요.

원래 있던 것을 새롭게

창의적인 광고라고 해서 새로운 아이디어라고는 할 수 없습니다. 어쩌면 새로운 아이디어란 세상에 없는 것일지도 몰라요. 광고의 창의성이란 시대의 흐름이나 소비자의 감성에 맞추어 원래 있던 아이디어를 새롭게 내는 것을 말합니다.

아이디어의 정의는 매우 단순합니다. "아이디어란 원래 있던 것들을 새롭게 결합하는 것"입니다. 카피라이터 제임스 웹 영James Webb Young은 《아이디어를 만드는 방법》이라는 책에서 아이디어에 관해 이렇게 설명해 주었죠.

최근 온라인에서는 재미있는 인디밴드 이름 짓기가 유행이라고 해요. 지금 입고 있는 하의 색깔과 마지막으로 먹은 음식의 이름을 합하면 밴드 이름을 지을 수 있다고 합니다. '분홍 브로콜리', '검정 쌀밥' 등 무궁무진하죠. 이러한 단순한 방법도 아이디어 내는 원리 중 하나입니다. 여러분도 친구들과 어떤 모임을 만든다면 응용해 보세요. 조별 활동할 때도 재미있는 이름을 지을 수 있겠지요.

사실 창의적인 아이디어를 생각하는 것은 어렵습니다. 하지만 기존에 있던 것에 나만의 생각을 섞는다면 창의적인 아이디어가 된다는 것을 잊지 마세요. 아이디어를 널려고 생각하면 할수록 더 새로운 생각이 샘솟을 것입니다. 이렇게 적으니 광고 카피처럼 들리나요?

새로운 시각, 새로운 세상

창의적인 아이디어를 내기 위해서는 새로운 것을 눈에 담으려고 노력해야 해요. 그래야 똑같은 것도 다양한 관점으로 볼 수 있고, 남들과 다른 새로운 아이디어도 낼 수 있거든요.

그렇다면 어떻게 새로운 것을 눈에 담을 수 있을까요? 바로 세상을 비틀어 보는 것입니다. 물론 도덕적으로 삐딱하게 살자는 뜻은 아닙니다. 다만 어떤 현상이나 물건을 볼 때 마음속으로 '왜 꼭 그래야 해?'라며 시비를 걸어 보는 것입니다. '누가 그래? 그런 게 어디 있어? 그렇게 하지 않아도 되잖아?'라고 거꾸로 생각해 보는 것이지요. 바로 그 지점에서 새로운 아이디어가 탄생한답니다.

아이가 젓가락을 쓸 줄 모른다고 야단만 칠 수는 없어요. 그래서 사람들은 생각을 비틀어 수저와 포크를 합친 '포카락'을 만들었습니다. 옛날에는 음악을 들으려면 집에서 커다란 축음기가 있어야 했어요. 축음기는 박물관에서 볼 수 있는 나팔 모양의 커다란 음향기기를 말합니다. 최초의 축음기는 1877년에 토머스 에디슨Thomas Edison이 발명했다고 하죠. 시간이 지나 동그란 원형 판을 올리면 음악을 들을 수 있는 LP가 발명되었어요. 조금 더 가벼워진 셈이죠. 이는 1948년에 빌 바흐만William Stephen Bachman Jr이 개발했다고 해요. 그런데 사람들은 생각을 멈추지 않았어요. 바깥에서도 음악을 듣고 싶은 사람들의 기발한 아이디어 덕분에 걸어 다니면서도 음악을 들을 수 있게 되었죠. 혹시 영화에서 건장한 사람이 어깨에 커다란 상자를 매고 춤추는 장면을 본 적 있나요? 1970년대 미국에서는 어깨에 커다란 '붐박스Boombox'를 짊어지고 다니면서 음악을 듣는 것이 유행이었어요. 생각을 멈추지 않은 사람들은 한번 더 생각을 비틀어 음향기기를 더 작게 만들었어요. MP3가 발명되면서 음향기기는 지갑보다더 작아졌죠. 지금은 스마트폰 하나면 음악을 들을 수 있어요. 아이

붐박스

미국에서는 1970년대부터 손잡이가 있는 탁상용 오디오를 들고 다니거나, 어깨에 짊어
지고 다니면서 음악을 듣기 시작했다. 당시 사람들은 시끄럽게 노래를 틀고 다니면서 여러
사람과 함께 춤을 추고 버스킹을 했다. 다만, 큰 소음이 발생해 민원이 증가해서 주택이나
공원에서 다양한 소음을 규제하는 법령이 만들어졌다.

디어는 이처럼 사람들을 이롭게 하기도 합니다.

꼭 광고인이 아니어도 우리 생활에는 늘 새로운 아이디어가 필요합니다. 새롭지 않다면 지루하니까요. 여러분도 지금 눈앞에 보이는 것을 한번 비틀어 보세요. 신선한 아이디어가 마구 쏟아질 수도 있습니다. 수업 시간에 출석을 부르면 대개 '네'라고 대답하지요? 어느날 제 수업 시간에 어떤 학생의 이름을 부르자, "아니오"라고 대답하더군요. 강의실이 조용해졌죠. "새로운 아이디어를 내려면 교수님께서 뭐든 비틀어서 보라고 하셨잖아요"라고 학생이 말했습니다. 맞습니다. 모두가 '네'라고 할 때 '아니오'라고 대답해 보세요. 새로운 아이디어를 내지 못하더라도 누군가의 기억에 확실하게 각인될 수 있을 것입니다.

광고의 유혹

우연히 본 광고 때문에 무언가를 사고 싶었던 경험이 있을까요? 매력적인 광고는 소비자를 홀려서 제품을 구매하게끔 유도합니다. 왜 광고를 보면 자연스럽게 제품을 사고 싶어질까요? 단순히 제품이 멋있고 좋기 때문일까요? 아닙니다. 여기에도 몇 가지 이유가 분명히 있어요. 대부분의 광고는 소비자의 '감성'을 자극합니다. 앞서 설명했던 '라포르'를 기억하실 텐데요. 광고는 무조건 제품이 좋다며 사라고 강요하지 않습니다. 이들은 먼저 소비자와 좋은 관계를 맺으려고 노력해요. 그래서 소비자의 감정을 활용합니다. 광고를 통해

소비자의 마음을 행복하게 하거나, 슬프게 만들거나 심지어 두렵게 하기도 하죠. 그런데 이러한 감정은 소비자의 의사 결정 과정에 무의식적으로 영향을 미칠 수 있지요.

예를 들어, 새로 출시된 치킨 광고에서 사람들이 모여 맛있게 치킨을 먹는 장면이 나왔다고 합시다. 광고를 본 소비자는 광고 속 사람들처럼 치킨을 먹는 것이 즐겁다고 배가 덜 고프더라도 무심코 주문하게 될지도 모르죠. 소비자는 이러한 광고의 유혹을 조심해야 합니다. 휴대전화를 내려놓고, 꼭 치킨을 먹어야 하는지 따져야 해요. 충동구매로 혼자 주문했다가 남기고 버려서 자책할 수 있으니까요. 하지만 광고는 이러한 소비자의 심리를 겨냥합니다.

광고는 '사회적 증거의 법칙'을 잘 활용합니다. 사회적 증거의 법칙이란 사람들은 어떤 행동이나 판단을 할 때 다른 사람들의 행동과 판단을 따라 하는 성향이 있다는 뜻입니다. 속으로 '다른 사람처럼 따라 하면 실패하지는 않겠지?'라고 생각하는 것이죠. 광고는 그런 소비자의 심리를 건드립니다. 그래서 광고는 소비자가 제품을 사용할 때 스스로 행복하고 멋지다고 느낄 수 있도록 모델과 제품을 배치해요.

만약 광고에서 성공한 것처럼 보이는 사람이 어떤 제품을 쓰고 있다고 합시다. 그러면 그것을 본 소비자도 성공하기 위해 그 제품을 써야 한다고 느낄 수 있어요. 또는 성공한 사람은 저런 제품을 써야 한다고 느낄 수도 있고요.

하지만 정말 그럴까요? 물론 그럴 수도 있고, 그렇지 않을 수도 있어요. 광고가 소비자를 유혹해도 현명한 소비자라면 스스로 판단할 줄 알아야 하겠지요? '저 제품을 쓴다고 성공하진 않겠지만, 꼭 사고 싶었으니 기회가 되면 사야겠어'라고 생각할 수도 있어요. 혹은 '저건 바로 사야 해!'라거나 '광고를 다 믿을 수는 없으니 정보를 찾아야겠어'라고 생각할 수도 있지요. 여러분은 어느 쪽인가요?

마지막으로 광고는 '희소성'을 강조하기도 합니다. 가령 '한정판'이라서 제품의 개수가 많지 않으니 빨리 사라는 광고를 본 적 있을 거예요. 제품이 그렇게 좋다면 왜 한정판을 만드는 것일까요? 처음부터 많이 만들면 될 텐데요. 바로 한정판이 광고에서 강조할 수 있

오픈 런

가게 문이 열리자마자 구매를 위해 매장 앞에서 대기하는 행위다. 2020년대부터 국내 명품 시장이 커지면서 명품을 구매하려는 사람들이 많아졌다. 한정된 명품을 사기 위해 줄을 서면서 오픈 런이 생겼다. 현재는 명품뿐만 아니라 맛있는 음식, 신제품을 구매하기 위해 새벽부터 줄을 서서 기다리는 오픈 런이 발생하고 있다.

오픈 런의 문제는 리셀이다. 리셀은 한정된 수량을 정가보다 비싼 가격에 판매해서 이득을 취하는 행위다. 공식 판매자가 아닌 개인끼리 이루어지는 문제여서 폭리를 취하는 경우가 많아서 문제다.

는 희소성의 대표적인 요소입니다. 수량이 적어 단숨에 제품이 다 팔릴 수도 있다는 압박을 소비자에게 전가하는 것이죠. 그래서 한정판만 나오면 얼른 사는 소비자도 있지요. 수량이 적은 명품을 먼저 사기 위해 새벽부터 백화점으로 달려가는 소비자도 있고요. 그래서 '오픈 런Open run'이라는 신조어가 생겼어요. 물론 다른 소비자에게 웃돈을 붙여 파는 '리셀Resell'을 해서 차액을 벌기 위해 그런 식으로 명품을 사는 사람들도 있지요. 이처럼 희소성은 소비자를 현혹하는 강력한 요소 중 하나입니다. 광고 하나에 소비자를 유혹하는 요소가 참 많아요. 그러니 광고를 만들려는 사람이라면 광고로 소비자의 어떤 심리를 자극할지 연구하고, 소비자라면 광고의 유혹을 이겨 내는 것이 중요한 듯합니다.

시스템을 악용해 유명한 물건을 독차지하고 비싸게 팔다니! 리셀은 소비자와 판매자 모두에게 피해를 주는 행동이야.

따져 보고 다시 보고

기업은 열심히 만든 제품을 판매하기 위해 노력합니다. 이왕이면 많이 팔아야 하겠지요. 기업은 제품을 많이 팔기 위해 광고에서 제품의 장단점을 정확하게 말하지 않습니다. 그러니 제품을 구매하기 전에 직접 조사해야 합니다. 충분한 생각을 했는데 사려고 한 제품이 꼭 필요하지 않다면 주저하지 말고 포기해야 해요.

한번 사려고 했던 마음을 과감히 포기하기란 쉽지 않습니다. 하지만 사고자 했던 제품이 꼭 필요하지 않은 것 같다면 굳이 구매할 필요는 없겠죠. 기회는 얼마든지 많고, 더 좋은 신제품은 계속 쏟아져 나올 테니까요.

제 친구는 전자제품을 사기가 참 어렵다고 하더군요. 어렵사리 돈을 모아 큰마음 먹고 신제품을 사면 몇 달 되지 않아 바로 신제품이 또 나오기 때문이라고요. 몇 번 그러고 나니 이제 아예 사지 않는답니다. 더 좋은 것이 나올 때까지 계속 기다려 보겠다고 하더군요. 그것도 딱한 노릇이네요.

그런데 광고가 제품을 사고 싶게 만든다고 해서 광고 자체를 나쁜 눈으로 볼 필요는 없습니다. 광고를 만드는 기업은 할 일을 열심히 하는 것뿐이지요. 기업은 더 좋은 제품을 쉴 새 없이 개발해서 판매 이윤을 얻습니다. 소비자의 생활에도 도움을 줘요. 소비자는 소비자가 할 일을 열심히 하면 됩니다. 필요하면 사고, 그렇지 않으면 외면하는 것이지요. 현명한 소비자가 따로 있진 않아요. 광고를 보면서 맥락을 잘 살펴보는 연습을 하면 좋겠지요. '왜 저런 제품을 소개하는 것일까?', '저런 제품을 왜 제작했을까?', '저 제품이 내 생활에 도움이 될까?', '저 제품은 환경을 생각하고 만들었을까?', '가격은 적당한가?', '저 제품을 사면 내가 과연 만족감을 느끼게 될까?', '비슷한 제품을 이미 갖고 있는데, 새로 사야 할까?', '무리해서라도 사야 할까?' 같은 질문을 자신에게 던져 보세요. 모든 상황에 맞는 대답은 없지만, 의사 결정에 도움이 될 것입니다.

광고 없이 살 수 있을까

광고가 없어진다면

광고는 소비자의 생활에 도움이 될 제품이나 서비스의 정보를 재미있는 방식으로 소비자에게 전해 줍니다. 하지만 동시에 소비자의 생활을 방해하기도 합니다. 광고는 소중한 개인의 시간과 공간에 허락없이 들어가서 말을 걸지요. 시키지도 않았는데 불쑥 고개를 들이밀면서 자기 이야기를 해요. 마침 소비자가 광고하는 제품에 관심이 있었다면 소비자는 고마워하겠지요. 정보를 쉽게 얻을 수 있으니까요. 하지만 관심 없는 제품이 느닷없이 나타나 불쑥 말을 걸면 방해가 됩니다.

제품을 사거나 사지 않는 것은 소비자가 결정할 텐데요. 광고가 마음에 드는 때도 있지만, 마음에 들지 않는 때도 있습니다. 그렇다면 현대 사회에서 광고가 없는 생활을 상상해 본 적 있나요? 만약 세상에서 광고가 없어진다면 어떤 변화가 일어날까요?

우선 기업이 문을 닫을 것입니다. 기업이 제품이나 서비스를 소비자에게 알릴 방법이 없어지니까요. 자연스럽게 매출이 없어지고 이윤도 사라지겠죠. 결국 기업을 유지할 수도 없습니다. 직원들도 일이 없어져 회사에 다닐 수 없게 됩니다. 해외에도 제품을 알릴 수 없어 수출을 하지 못하게 돼요. 그러면 큰 사업을 벌이기도 어렵습니다. 이러한 현상이 반복되면 국가 경제도 서서히 어려워질 것입니다. 물론 광고가 사라진다고 제품이나 서비스가 바로 없어지진 않아요. 다만 기업은 소비자에게 다가갈 다른 방법을 연구하느라 골머리를 앓을 거예요. 방법이 없다면 기업은 개별적으로 소비자와 만나는 방법을 쓸지도 모릅니다. 제품을 가지고 다니며 직접 판매하던 과거의

광고가 없다면 엄청 불편하구나.
좋은 콘텐츠와 정보도 경제력을 가진 사람들만
쉽게 얻게 될 거야.
정보의 불균형과 양극화가 커지겠어.
게다가 다양한 형태의 매체들이
등장할 수도 없겠지.

방식이죠. 이런 방식으로는 제품이 아무리 좋아도 많이 팔 수는 없을 듯합니다.

광고가 사라지면 소비자도 불편해질 것입니다. 기업의 제품이나 서비스가 무엇이며, 어떻게 만들고, 어디서 파는지 알기 어려우니까요. 결국 필요한 것을 스스로 만들며 살아갈지도 모릅니다. 간단한 제품이나 음식은 만들 수 있겠지요. 하지만 자동차나 스마트폰, 비행기를 직접 제작해 쓸 수는 없습니다. 물건이 필요할 때마다 손수 만드는 생활이 쉽지 않을 것입니다.

광고가 없어진다면 소비자는 정확하지 않은 제품 정보 때문에 기능을 오해하고 물건을 구매할 수도 있어요. 또 나날이 발전하던 기술을 바로바로 접할 수 없으니 생활 수준도 하락할 것입니다. 이처럼 광고는 소비자가 새로운 제품과 서비스를 인지하는 데 도움이 됩니다. 그런데 광고가 없다면 새로운 제품과 서비스에 대해 알기 어려우므로, 생활을 혁신하기 어려워지지요. 그에 따라 새로운 트렌드를 접하고 따를 수도 없습니다. 따라서 문화 발전도 더뎌질 수 있지요.

물론 광고가 사라진다면 좋은 점도 많습니다. 사람들은 불필요한 마케팅 메시지에서 벗어날 수 있을 거예요. 사람들의 평화롭고 조용한 시간을 방해하던 광고로부터 말이죠. 광고가 없어졌으니 소비자는 각자 자신이 직접 조사한 정보를 기반으로 제품을 구매할 것입니다. 물건을 사기 전에 제품이나 서비스에 관한 조사를 더욱 많이 해야겠죠. 잘못된 정보에 속지 말아야 하니까요.

소비자가 스스로 제품 정보를 조사하면 좋은 점도 있어요. 새로 나온 제품이나 서비스를 살 때 광고의 영향력에서 벗어나 더 나은 결정을 내릴 수 있습니다. 또 대기업의 제품보다는 중소기업의 제품을 사거나 지역 비즈니스를 이용하는 일이 많아질 것입니다. 아무래도 광고는 마케팅 예산이 풍족한 대기업이 많이 하잖아요. 그런데 광고가 없어진다면 중소기업에게도 대기업과 경쟁할 기회가 많아질 수 있습니다.

이처럼 광고가 없어진다면 무슨 일이 벌어질지 상상해 보았습니다. 그런데 현대 사회에서 인류가 광고 없이 하루라도 살 수 있을까요? 이제 인류는 광고와 완전히 이별할 수는 없을 것입니다. 하지만 적절한 관계를 유지할 수는 있어요. 위험한 전기를 잘 다루어 생활에 유용하게 사용하는 것처럼요. 자신에게 불필요하고 나쁜 광고와는 이제부터 헤어지면 됩니다.

광고는 소비자의 눈길이 가는 곳이라면 어김없이 자리 잡고 있습니다. 거대한 빌딩 숲속에서 밤새 빛을 발하는 현란한 디지털 광고와 TV 광고, 소셜 미디어 광고, 이메일, 메신저 서비스에도 광고가 있어요. 그러니 많은 광고 가운데서 어떻게 건전하게 광고를 수용하고 거부할지 스스로 고민해 보아야 합니다.

광고와 헤어지는 방법

내게 불필요한 광고와 헤어질 수 있는 몇 가지 방법을 소개하지요. 우선 기업이 자주 사용하는 광고 기법을 알아두세요. 광고를 볼 때 지나치게 감정적으로 호소하고 있는지, 사회적 증거를 활용해 다른 사람과 비교하게 하고 있는지, 얼마 남지 않았으니 얼른 구매하는 것이 좋다고 하는 희소성 전략을 쓰고 있는지 따져 보세요. 그런 기법을 알고 있으면 광고의 영향을 덜 받을 수 있습니다.

다음으로, 받고 싶지 않은 마케팅 이메일의 수신을 거부하세요. 내가 관심 없는 제품이나 서비스의 마케팅 이메일을 받고 싶지 않다면 구독을 취소할 수 있지요. 마케팅 이메일은 기업의 홈페이지에 회원 가입할 때 마케팅 정책에 동의한 탓에 받게 됩니다. 소비자는 커피 기프티콘 하나를 받으려고 마케팅 정책에 동의하거나, 이러한 정책 자체를 몰랐거나, 다른 서비스를 사용해야 해서 어쩔 수 없이 마케팅 정책에 동의하곤 합니다. 하지만 마케팅 이메일이 싫다면 언제든지 구독을 취소해야 해요. 기업이 보내는 이메일을 잘 살펴보면 수신을 거부할 수 있는 링크가 있으니 제대로 보고 확인해야 합니다.

그리고 광고가 적은 소셜 미디어를 사용하세요. 인기가 많은 플랫폼에 광고가 많은 것은 당연합니다. 사람들이 많이 사용하니까요. 어떤 플랫폼은 기사 하나를 읽으려 해도 무차별적으로 광고를 띄웁니다. 또는 관심이 가는 글을 읽으려면 무조건 특정 사이트에 들려야 읽을 수 있는 플랫폼도 있어요. 그런 무분별한 사이트나 프로그램에서는 미련 없이 나와서 대체제를 찾는 것이 현명합니다. 시간은 소중하니까요. 선택은 자유지만, 생활에 방해가 된다면 과감히 이별하는 것이 좋겠습니다.

마지막으로, 광고 없는 플랫폼을 사용하는 것입니다. 물론 광고를 하지 않는 플랫폼은 운영을 위한 구독비가 있어요. 하지만 더 높은 품질의 제품이나 서비스를 제공받을 수 있습니다. 미국의 《뉴욕 타임스The New York Times》 같은 유명한 신문이나 《하버드 비즈니스 리뷰Harvard Business Review》, 영국의 《이코노미스트The Economist》 같은 전문 미디어는 한두 개 기사만 무료로 보여 주고 더 보기를 원할 때는 구독료를 받아요. 세상에 공짜는 없으니까요. 워낙 전문적이고 고급 정보를 제공하니 돈을 내고 보는 사람들도 많습니다. 이처럼 광고와 헤어지는 법은 불편하고, 어렵습니다. 그러니 광고와 더불어 살되, 똑똑하게 광고를 활용하며 사는 것이 좋겠어요.

광고 ON:
위험한 광고

좋은 광고가 있다면 위험한 광고도 있겠죠? 사회에는 각종 범죄가 있습니다. 그중 '보이스 피싱Voice Phishing이라는 사이버 범죄가 있어요. 가짜 금융기관 웹사이트나 위장 메일 등을 이용해서 개인 인증 번호나 신용카드 정보, 계좌 정보 등을 불법적으로 알아내는 범죄입니다. 그런데 보이스 피싱도 광고의 한 종류로 볼 수 있지 않을까요? 한 사람에게서 이득을 얻으려는 나쁜 광고로 볼 수도 있겠습니다. 그러면 보이스 피싱 사례를 살펴보고, 어떻게 대응하면 좋을지 함께 알아보도록 합시다.

아주 유명한 보이스 피싱 사례로는 '휴대폰 고장' 사례가 있습니다. 자녀 혹은 부모나 지인의 전화번호를 사칭해 휴대폰이 고장 났다거나, 액정이 깨졌다는 문자를 보내는 것이죠. 이러한 문자를 보내며 수리비 등의 명목으로 급하게 돈이 필요하다며 금품을 요구합니

엄마, 나 폰 고장 나서 매장에 맡기고 인터넷으로 문자하고 있어. 인터넷용이라 문자만 가능해. 지금 돈을 내야 하는데 답장 줘.

다. 전화라도 하려 하면 수리를 맡긴 탓에 불가능하다면서 피해자를 안심시키는 수법을 이용해요. 보이스 피싱을 접하지 못한 사람들은 상대를 걱정하는 마음에 돈을 보내죠.

그런데 수많은 핑계 중에서 하필이면 왜 전화기의 액정이 깨졌다고 할까요? 사례가 언론에도 많이 나와 전 국민이 다 알고 있을 텐데요. 하지만 이유가 있답니다. 액정이 깨져서 통화나 문자를 할 수 없다는 상황을 만드는 것이지요. 전화기가 망가졌다고 해야 왜 그런 일이 생겼는지 자세히 묻지 못하니까요. 이처럼 여러분 주변에도 순간적으로 방심했다가 억울한 일을 당하는 경우가 꽤 많지 않나요? 그렇다면 보이스 피싱이나 문자 기반의 '스미싱Smishing'을 만난다면 어떤 대응이 필요할까요?

보이스 피싱을 다룬 영화 《보이스》 스틸 컷

일단 심호흡을 한번 해 보세요. 아무리 다급한 상황이라 하더라도 2초 정도 천천히 숨을 돌려 긴장을 풀어야 합니다. 심호흡을 한다면 이내 곧 침착해진답니다. 2초 동안 무슨 큰일이 금방 일어나지는 않으니까요. 그런 다음에 다른 사람의 전화를 빌리는 거예요. 타인의 전화는 보이스 피싱으로부터 안전하니, 그것으로 사실을 확인하는 것이지요. 조금만 더 세심하게 확인한다면 거짓말에 속지 않을 수 있습니다.

금전을 요구하는 사례 말고도 공짜로 어떤 제품을 준다는 연락 또한 조심해야 합니다. 사람은 누구나 공짜로 물건을 준다면 쉽게 마음을 열어요. 하지만 그런 것들은 전부 미끼입니다. 세상에는 착한

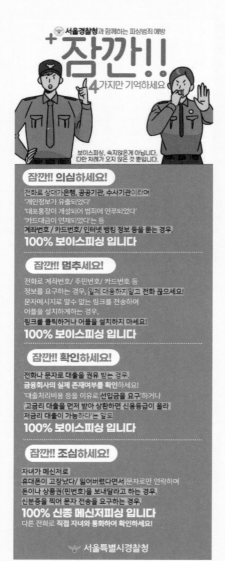

보이스 피싱 범죄 예방법

사람만 살진 않으니까요.

어떻게 해야 나쁜 접근을 피할 수 있을까요? 답은 간단합니다. 세상에 "공짜 점심은 없다"라는 격언을 항상 기억하는 것이지요. 이 말은 경제적 활동을 할 경우, 그에 상응하는 대가가 반드시 발생한다는 뜻입니다. 1938년 미국의 경제학자 밀턴 프리드먼Milton Friedman이 인용하면서 유명해진 말이죠.

공짜를 싫어하는 사람은 없어요. 그래서 나쁜 목적을 가진 사람들은 착한 사람의 순진한 마음을 용케 이용한답니다. 나를 전혀 알지 못하는 사람이 별 이유 없이 내게 호의를 베풀까요? 그런 사람은 부모님 빼고는 없어요. 내게 점심을 사준 사람은 언젠가 자신에게도 점심을 사주기를 바랄 테니까요. 그러니 모르는 사람의 이유 없는 호의에는 민감하게 반응할 필요가 있답니다.

공짜를 바라는 마음은 자연스럽습니다. 다만 앞뒤를 살펴보자는 것이지요. 누가 공짜로 무엇을 준다고 하면, 역시 잠시 멈추어 2초 정도 생각해 보세요. '도대체 왜 공짜로 주지?'라는 마음을 가져 보면 분별력이 생길 것입니다. 대가를 바라는 제안을 슬기롭게 피해 보세요. 현명한 소비자는 한 번 더 생각합니다. 세상에 "공짜 점심은 없다"라는 것을 기억하세요. ◉

3장 광고 리터러시 기르는 법

광고 리터러시는 무엇일까

맥락이라는 길

사람들은 누군가가 쓴 글을 마음대로 읽고 해석합니다. 간혹 자신의 해석이 작가의 의도와 아예 다르기도 해요. 글을 전문적으로 분석하는 평론가가 자신의 해석만이 작품의 의도에 적확하다고 주장하기도 합니다. 나중에 작가가 직접 나서서 그런 의도가 아니라고 말하는 경우도 종종 보았을 것입니다. 또는 자신이 썼지만 의도를 모른다고 주장하기도 해요. 아일랜드의 극작가 사뮈엘 베케트Samuel Beckett가 대표적인 예입니다.

그는 《고도를 기다리며》라는 유명한 희곡을 쓴 것으로 유명합니

부조리와 맥락

희곡 《고도를 기다리며》는 주인공 '블라디미르'와 '에스트라공'이 한 국도의 작은 나무 옆에서 '고도'라는 사람을 기다리는 이야기를 담고 있다. 그들은 고도가 누구인지, 그에게 무엇을 원하는지도 모른다. 두 주인공과 종종 등장하는 인물들은 서로 동문서답하며 이어지지 않는 대화를 나누면서도 고도를 계속 기다린다.

부조리 연극은 인간이 세상의 의미를 찾으려 하지만, 그 의미가 불분명하거나 존재하지 않는 상황을 의미한다. 하지만 관객은 불분명한 상황 속에서도 질문을 던질 수 있다. "우리는 왜 의미를 찾으려 하는가?" 또는 "맥락이 없는 상황에서 무엇을 느낄 수 있는가?" 같은 질문이다. 이러한 질문은 결국 작품의 맥락을 형성해 독자의 이해를 돕는다.

다. 한 기자는 베케트에게 "주인공 '고도Godot'는 극이 끝날 때까지 나오지 않습니다. 도대체 고도는 누구인가요? 'god'이라는 글자가 들어있으니 '신God'을 암시하나요?"라고 물었어요. 그런데 베케트는 자기도 모르겠다고 답했어요. 이렇게 논리적으로나 의미적으로 조리에 맞지 않는 상황을 뜻하는 '부조리'와 '연극'을 합친 극 작품을 '부조리 연극'이라고 불러요. 베케트는 스토리가 논리적으로 딱 맞는 연극에 익숙한 세상 사람들에게 보기 좋게 주먹 한 방을 날린 셈입니다.

글에서 맥락을 파악하는 것이 중요하다고 했지만, 이렇게 맥락이나 이치가 어긋나는 경우도 있습니다. 세상에는 논리적이지 않은 일도 벌어지거든요. 한용운 시인의 〈님의 침묵〉이라는 시를 읽은 적 있죠? 국어 참고서에는 이 시에서 '님'이 과연 누구인지에 관해 여러 가지 해설로 설명했지요. 님은 '조국', '연인', '깨달음' 등이 될 수 있어서 독자 마음대로 해석할 수 있습니다. 자연스러운 현상이죠. 그렇게 시나 소설 같은 문학 작품을 읽을 때는 논리도 중요하지만 자율성 또한 매우 중요합니다.

그렇다면 광고는 어떨까요? 광고를 해석할 때는 문학처럼 자율적으로 해석해서는 안 됩니다. 특히 상업광고는 기업이 제품 혹은 서비스를 판매하려는 메시지가 있기 때문입니다. 그러니 광고를 잘 만들어서 물건을 많이 팔려고 하거나, 광고를 보고 올바른 소비를 하려면 광고를 제대로 이해해야 합니다. 광고의 흐름을 파악해야 한다는

글을 읽고 해석하는 힘이 생기면,
누구의 말에도 쉽게 휘둘리지 않고
자신의 의견을 제시할 수 있어!

것이죠.

'리터러시Literacy'라는 단어를 들어본 적 있나요? 사전에서는 '글을 읽고 쓸 줄 아는 능력'이라고 풀이되어 있습니다. 한자어로는 '문해력文解力', 순우리말로는 '말귀'라고 부릅니다. "그렇게 말했는데도, 말귀를 못 알아듣네!"라는 말을 듣거나, 말해 본 적 있을 거예요. 이는 대화의 흐름을 파악하지 못한다는 뜻이죠. 대화의 흐름을 이해해야 대화의 목적이 무엇인지 알 수 있겠죠? 광고 또한 그렇습니다. 광고에서 나오는 내용의 뜻과 흐름을 잘 이해해야 좋은 광고를 만들거나 올바른 소비를 할 수 있습니다. 이렇게 광고의 내용과 의미를 잘 이해하자는 의미를 가진 단어가 있어요. 바로 '광고 리터러시 Advertising Literacy'입니다. 지금부터 광고 리터러시를 설명해 보도록 하겠습니다.

맥락을 읽는 힘, 광고 리터러시

'광고 리터러시'란 광고를 이해하고 비판적으로 평가할 수 있는 능력입니다. 사물이나 사건을 비판적으로 평가할 수 있는 능력은 참 중요합니다. 어떤 문제에 대한 답이 하나가 아닐 수도 있잖아요. 다양성을 무시하고 단순하게 판단하면 더 좋은 기회를 놓칠 수 있습니다.

모든 메시지에는 주관적인 판단이 들어갑니다. 문학이나 예술 작품에는 작가의 의도가 있습니다. 기업 활동인 상업 광고에도 의도가 있겠지요? 대중의 공익을 위해 집행하는 공익 광고에도 주최 측 작가의 의도가 들어갑니다. 정치 광고에도 자신에게 유리한 메시지를 전하고 싶은 의도가 들어갑니다. 좋거나 좋지 않은 광고 모두 그것을 만든 작가의 의도가 들어가 있기 마련이지요. 그래서 메시지를 잘 읽어 내야 한다는 것입니다. 게다가 현대의 광고는 풍부한 소비자의 빅데이터를 기반으로 메시지를 설계합니다. 그래서 소비자에게 꼭 맞는 이야기처럼 다가가죠. 그러니 광고의 속뜻을 잘 읽어 내면 불필요한 소비를 줄여 현명한 소비 생활을 할 수 있습니다. 나의 의도와 상관없는 불필요한 영향력에 휘둘릴 필요가 없다는 것이죠.

이처럼 광고 리터러시 능력을 높이면 현명하게 개인의 경제 생활을 할 수 있습니다. 광고가 작동하는 원리를 깨우쳐 충동구매를 줄일 수 있어요. 구매하려 하는 제품이나 서비스에 대해 더 많은 정보를 알고 난 뒤에 구매 결정을 내리게 될 테니까요. 또한 광고 리터러시 능력을 키우면 광고가 지나치게 자기 이야기만 하거나 제품이 좋다고 몰아붙일 때 균형을 잡을 수도 있어요. 따라서 생각하는 힘을 키울 수 있습니다. 광고를 보며 그 제품이 나에게 정말 필요한 것인지 다시 생각해 보는 연습을 하게 되거든요.

광고를 꿰뚫는 눈

광고 리터러시 능력을 끌어올리려면 어떻게 해야 할까요? 우선 광고에서 주장하는 메시지가 정확한지 한 번 따져 보세요. 광고에서 제품이나 서비스에 대해 정확하지 않은 주장을 할 때도 있거든요. 광고는 다양한 방법으로 소비자의 심리를 무의식중에 파고듭니다. 제품이나 서비스를 많이 팔려고 광고를 하는 것이니까요. 그러니까 현명한 소비자라면 광고의 말을 무조건 믿지는 않겠죠? 광고를 볼 때마다 실제 제품이나 서비스가 광고에서 말하는 만큼 정말 좋은지 따져 보는 것이 좋습니다.

예를 들어, 콜라가 몸에 좋아서 먹는 소비자는 없을 것입니다. 콜라는 달콤한 맛과 청량감 때문에 마시지요. 식품의약안전처 발표에 따르면 250밀리리터 용량의 콜라 한 캔에 각설탕이 7개 들어간다고 합니다. 콜라 한 캔을 마시면 하루에 필요한 당분의 절반을 채우는 셈이에요. 그래서 콜라 회사들은 광고에서 성분 이야기를 하지 않는

코카콜라의 마케팅

산타클로스는 1930년대 전까지 마른 체격에 짙은 초록색 코트를 입은 모습으로 그려졌다. 코카콜라는 여름에만 팔리는 콜라를 겨울에도 마시게 하려고 콜라를 마시는 산타클로스 광고를 만들었다. 이 광고 이후 산타클로스는 항상 빨간색 옷을 입게 되었고, 사람들은 계절에 상관없이 코카콜라를 마시게 되었다. 산타클로스 덕분에 코카콜라는 세계 최고의 브랜드 가치를 가진 기업이 되었다.

답니다. 즐거운 모임이 있는 곳에 콜라가 있으면 더 즐겁다는 식의 표현을 하지요. 그런 메시지에는 뭐라고 하기가 어렵군요. 언제 마시든 돈 내고 음료를 산 소비자 마음대로니까요. 슬플 때 청량음료를 마신다고 뭐라고 할 사람도 없을 테지요. 하지만 광고에 나오는 메시지 말고도 숨은 단점을 반드시 따져 보는 것이 좋겠어요. 가령 콜라 광고에서 콜라가 몸에 좋지 않은 이유는 무엇인지 생각하는 것만으로도 광고를 보는 눈이 달라질 거예요. 광고를 무조건 불신하자는 것이 아니라 건전한 의심 습관을 가져 보자는 것이지요. 우리는 현명한 소비자니까요.

다음으로 광고의 설득 기법을 이해해야 합니다. 광고의 목표는 판매입니다. 따라서 광고는 앞에서 설명한 것처럼 다양한 기법으로 구매를 유도합니다. 소비자 또한 광고의 다양한 기법을 안다면 좋겠지요. 광고에서는 소비자의 관심을 끌려고 여러 방법을 쓰지만, 이를 비난할 수는 없습니다. 그런 기법이 있어 필요 없는 물건을 사기도 하니까요. 책장이나 방을 둘러보면 예전에 샀는데 거의 새것 같은 물건이 있진 않나요? 자세히 살펴보고 고민해서 산다고 해도 누구나 이런 경험이 있을 것입니다. 이처럼 거의 새것 같은 중고 제품을 처분하기 위해 중고 시장을 사용하기도 합니다. 쓰지도 못한 물건을 판매하려니 조금 번거롭죠. 그러니 여러분도 유혹적인 광고를 보고 덜컥 물건을 구매하지 않도록 주의하세요.

제품을 직접 조사하는 것도 좋습니다. 광고만 보고 제품을 구매하기 전에 직접 제품에 대해 자세히 알아보세요. 블로그나 커뮤니티에서 사용 후기를 읽어 보고, 가격 비교 사이트에서 가격을 비교해 보고, 회사 웹사이트에서 정확한 제품의 정보를 확인해 보는 것이지요. 광고의 과장되거나 비현실적인 약속에 주의하세요. 조금은 회의적이어도 좋습니다. 모든 소비자가 '최저가'라고 무조건 사지 않잖아요. 배송료나 다른 조건이 붙을 수도 있으니까요. 이처럼 광고의 주장에 질문하는 습관이 필요합니다. 거듭 질문하다 보면 올바른 정보를 얻을 수 있어요. 잠깐, 원래 그렇게 하고 있다고요?

그리고 제품에 관해 친구들과 이야기해 보세요. 가까운 사람들과 사려는 제품 혹은 서비스에 관해 대화하는 것이죠. 이를 통해 객관적인 의견이나 조언을 얻을 수 있어요. 광고에 대한 경험을 꺼내 보면서 서로 다양한 경험을 나눌 수 있어요. 여러 의견을 듣다 보면 광고가 자신에게 미칠 영향을 더 쉽게 이해할 수 있습니다. 이는 인생을 설계할 때도 도움이 되는 조언이죠.

이처럼 친구들과 이야기하면서 직접 광고를 만들어 봐도 좋습니다. '역지사지易地思之'라는 말 아시나요? 상대방과 입장을 서로 바꿔 본다는 뜻이지요. 광고를 제대로 알고 싶다면 직접 광고인이 되어 광고를 한 번 만들어 봐도 좋습니다. 직접 광고를 만들면 설득의 다양한 요소를 몸소 느낄 수 있어요. 어렵다면 상상만 해도 좋습니다. 만약 신작 게임의 예고편 광고를 만든다고 상상해 봅시다. 이를 만드는 과정에서 게임의 정보를 알게 되겠죠. 그러면 게임만의 특성 또

한 알게 됩니다. 동시에 '아하, 이래서 컴퓨터 그래픽으로 주인공을 날렵하게 그렸구나', '다 보여 주는 것보다 일부만 보여 주니 신비하게 보이는구나' 등 광고에 필요한 부분도 알게 되겠죠. 동시에 신제품이니 할인할 요소를 정하거나, 어떤 부분에서 이득을 취할지도 본인이 정하면서 깨달을 수 있습니다. 이 과정에서 설득하는 법과 광고를 구상하는 방법을 알 수 있어요. 광고의 불필요한 유혹에 넘어가지 않는 법도 알게 될 것입니다. 상상만으로도 똑똑한 광고 기획자, 소비자가 될 수 있군요.

마지막으로, 잠시 판단을 멈추세요. 광고하는 제품이나 서비스를 보고 쉽게 결정할 수 없다면 생각에서 한 발자국 멀어지세요. 무슨 일이든지 지나치게 몰입하다 보면 균형을 잃게 되니까요. 시간이 조금 지나고 다시 생각하면 더 나은 결정을 내릴 수 있을 것입니다.

광고는 미디어가 넘쳐나는 세상 어디에나 존재합니다. 그러기에 광고는 소비자의 선택과 행동에 큰 영향을 미쳐요. 광고가 소비자를 속이기 위해 만들어진 것은 아니지만, 그래도 소비자는 광고를 냉철하게 바라볼 줄 알아야 합니다. 광고 리터러시는 단순히 광고에 속지 않기 위한 능력은 아니에요. 광고 리터러시 능력을 갖추면 광고가 소비자에게 접근하는 방법을 더 잘 이해할 수 있어요. 구매하려는 제품과 서비스에 대해 더 많은 정보를 알게 되는 것이죠. 그것으로 현명하게 물건을 구매할 수 있어요. 결국 광고 리터러시 능력을 갖추면 슬기로운 경제 생활을 할 수 있는 것입니다.

사실과 거짓말을 구별할 수 있을까

좋은 광고, 나쁜 광고

세상에는 좋은 광고와 나쁜 광고가 있습니다. 좋은 광고는 소비자의 생활에 도움을 주지요. 좋은 광고는 좋은 제품을 광고하니까요. 좋은 제품은 소비자의 생활을 편리하게 해주고, 생활 수준이나 문화 수준을 높여 주기도 하지요. 그런데 최근에 나쁜 광고도 많이 등장했습니다. 이러한 나쁜 광고가 소비자에게 닿지 않도록 법률이 마련되기도 했어요. 그러나 미디어가 다양해져서 누가 어디에 광고하는지 알기가 어려워졌어요. 광고의 범위가 나날이 넓어지고 있는 것이지요. 광고는 이제 TV나 신문 잡지 같은 매스 미디어mass media 보다 소셜 미디어로 활동 범위를 넓혀가고 있어요. 지금까지는 광고라고 생각하지 않았던 미디어들이 광고 미디어로 소비자에게 다가갑니다.

소비자는 다양한 미디어를 마주하면서 사실과 거짓을 구분하기 어려운 환경을 마주합니다. 그래서 혼란스러운 상황을 많이 겪게 되죠. 그래서 현명한 소비자가 되려면 '팩트 체크Fact-check'를 배워야 합니다. '팩트Fact'는 '사실'이란 뜻이고, '체크Check'는 '확인'이란 뜻입니다. 그러니까 광고에서 주장하는 내용이 사실인지 아닌지 확인하자는 이야기죠. 특히 언론사의 뉴스팀은 이 단어를 매우 민감하게 여깁니다.

기자가 되어 귀금속 가게의 도난 사건 취재를 나갔다고 가정해 봅시다. 현장에서 가 보니 후드티를 입은 청년이 보석을 훔치다가 잡혔다는 것을 알게 됩니다. 얼른 이 내용을 기사로 써서 뉴스에 내보내죠. 그런데 알고 보니 직원의 허위 신고인 것이 밝혀졌습니다.

사실 관계가 확실하지 않으면 신뢰를 줄 수 없어.
한 번 신뢰를 잃은 제품은 소비자에게
영영 닿을 수 없겠지.

매스 미디어 많은 사람에게 대량으로 정보와 사상을 전달하는 매체다. 매스 미디어로는 신문, 잡지, 영화, TV 등이 있다.

기사는 거짓말을 한 셈이 된 것이지요. 이는 기자가 취재 내용이 사실인지 아닌지 미처 확인하지 못한 탓입니다. 다른 언론사들은 처음부터 직원이 실수를 감추려고 벌인 사건임을 제대로 취재해서 보도했다면, 더 부끄럽겠죠? 이처럼 모든 주장의 진위는 처음부터 꼼꼼히 따져 파악해야 합니다. 광고 또한 마찬가지입니다.

팩트 체크!

광고에도 팩트 체크가 필요합니다. 사실을 말하지 않는 나쁜 광고를 골라내는 능력을 키워야 해요. 나쁜 광고는 정말 구별하기 어렵거든요. 그러니까 사실과 사실이 아닌 것을 구분할 줄 아는 판단 능력을 키워야 하겠지요. 특히 평소에 귀가 여리다는 말을 자주 듣는 소비자라면 더 조심해야 합니다. 조금만 솔깃해도 다 믿어 버릴 테니까요.

하지만 모든 말을 믿지 않는 것도 문제입니다. 세상의 모든 일을 믿지 않는 자세는 인생을 불행하게 만들 수 있어요. 그러니 매사에 '균형 잡힌 관점Balanced view'을 유지하며 사는 것이 중요하답니다.

균형 잡힌 관점은 쉽게 갖출 수 있어요. 어떤 이야기든 처음 들었을 때 절반만 믿어 보세요. 마음이 한쪽으로 치우치지 않도록 균형을 잡는 것입니다. 올바른 보도를 하겠다고 다짐하는 유명 언론사들도 어떤 경향에 맞추어 한쪽으로 치우쳐서 보도하기도 합니다. 뉴스에 나오면 대개 믿는 사람의 성향을 이용해서 하나의 사건을 언론사에 유리한 방향으로 보도하지요.

그러니 뉴스나 예능 프로그램에 나왔다고 무조건 믿어서는 안 됩니다. 목적을 가진 누군가의 일방적인 관점에 휘둘려 나만의 판단력을 잃어서는 안 돼요. 어떤 이야기를 들을 때마다 스스로 자문해 보세요. 이는 광고뿐만이 아니라 예술가의 자세이기도 합니다. 철학자도 이렇게 생각하지요. 대학 교수도 그런 질문을 던지며 연구를 시작합니다.

이렇게 팩트를 체크하는 사람을 '팩트 체커Fact Checker'라고 합니다. 외국에는 '체리 피커Cherry picker'라는 말도 있어요. 케이크 위에 있는 체리만 집어 먹는 사람을 말합니다. 그러니까 각종 이벤트에 참여해서 사은품이나 경품은 다 받아 가면서, 정작 제품을 사지 않는 소비자를 말하지요. 마케터 입장에서는 그런 소비자가 야속할 것입니다. 하지만 이런 체리 피커도 나중에 구매 기회가 오면 혜택을 받았던 제품을 구매할 확률이 높겠지요. 이미 경험해 봤기에 혜택을 받았던 제품을 알고 있을 것이기 때문입니다.

기업은 어떻게 마케팅할까

소비자는 모르는 마케팅 비밀

마케팅의 목표는 매출을 높이는 것입니다. 기업의 마케터는 적절한 시간에 적절한 메시지를 적절한 소비자에게 전달하기 위해 노력합니다. 마케터는 어떤 방법으로 마케팅을 할 수 있을까요? 지금부터 현대 마케팅의 몇 가지 대표적인 방법을 알려드리지요.

첫째는 '콘텐츠 마케팅Contents marketing'입니다. '콘텐츠Contents'란 범위가 넓어 정의하기 어렵지요. 그러나 광고 마케팅에서는 주로 제품 이야기를 담은 광고와 영상을 말합니다. 소비자를 만나고, 계속 유지하기 위해 재미있고 가치 있는 이야깃거리를 만들어 내는 것이지요. 영상, 블로그 게시물, 언론 기사, 인포그래픽, 전자책 등 다양한 형태로 소비자의 관심을 끕니다.

둘째로는 '소셜 미디어 마케팅Social media marketing'*입니다. 소비자의 참여를 유도해 쌍방향으로 소통할 수 있지요. 소비자와 친해지면 웹사이트나 판매 사이트로 자연스럽게 이끌어 구매를 유도합니다.

셋째로, '이메일 마케팅E-mail marketing'입니다. 기업이 이미 확보한 구독자 목록에 이메일 메시지를 보내는 마케팅입니다. 소비자에게 유용한 정보나 할인, 마일리지 제공 같은 특혜를 계속해서 주면서 관계를 맺어 구매를 유도할 효과적인 방법이죠. 넷째로, '제휴 마케팅 Affiliate Marketing'입니다. '컬래버레이션Collaboration'이란 말 들어 보셨지요? 다른 분야의 파트너와 함께 공동으로 제품이나 서비스를 마케팅하는 방법입니다. 마케팅 비용도 적게 들고, 재미있는 성격을 가진 파트너와 만나면 좋은 결과를 얻을 수 있지요. 기업은 이렇게 다양한 방법으로 소비자를 찾아갑니다.

소셜 미디어 마케팅 유튜브, 인스타그램, 페이스북, 틱톡, 블로그, 커뮤니티 같은 다양한 소셜 미디어 플랫폼을 사용하는 마케팅이다. 크게 'SMMSocial Media Management 마케팅'과 '광고 마케팅paid ads'으로 구분된다. SMM 마케팅은 콘텐츠를 SNS에 업로드해 잠재 고객에게 노출시키는 전략을 사용한다. 반면 광고 마케팅은 플랫폼에 비용을 지불하고 원하는 타깃층에게 인위적으로 노출하는 전략을 사용한다.

기업의 교묘한 속임수

기업이 소비자를 무시하거나 속일 수도 있다는 것을 아시나요? 기업의 욕심은 교묘하게 소비자를 속이기도 합니다. 그러니 지금부터는 소비자로서 속지 말아야 할 마케팅 기법들을 몇 개 알려드리지요.

거짓 정보를 조심해야 해요. 기업은 제품이나 서비스를 잘 팔기 위해 연구하면서 소비자를 속이기도 합니다. 제품의 성능이나 효과를 실제보다 과장한 광고를 본 적 있나요? 몇 번만 복용하면 아프던 무릎이 금방 낫는다거나, 살이 빠진다는 광고 말입니다. 이처럼 '건강 기능 식품'은 식품인데, 마치 질병을 치료해 주는 약처럼 표현한다면 위법입니다.

'무농약 제품'이라고 주장하는 식품도 '저농약 제품'인지 살펴봐야 합니다. 광고의 내용과 제품의 성능이 다르다고 따지면, 기업은 실험실의 최적 조건에서 조사한 것이라 실제 사용 시에는 다른 요인 때문에 성능이 낮을 수도 있다고 변명합니다. 그러나 현명한 소비자는 잘못된 주장을 금방 구분해 낼 줄 압니다. 어리석은 소비자가 아니라면 거짓말하는 기업이나 제품은 금방 잡아낼 수 있어요. 세상은 공평합니다. 그런 제품이 오래오래 잘 팔릴 리가 없겠죠. 한번 속은 소비자가 계속 속지 않겠지요. 게다가 소비자는 좋은 이야기뿐 아니라 나쁜 이야기도 공유하잖아요. 화난 소비자가 그 제품에 대한 나쁜 소식을 공유하면 아프리카나 아이슬란드까지 실시간으로 알려지죠.

다음으로 비용이 숨겨져 있지는 않은지 살펴야 합니다. 이는 소비자에게 발표한 제품이나 서비스의 가격 속에 각종 비용을 숨기는 것이지요. 물론 가격이 낮은 것처럼 보이게 하는 수법인데, 현명한 소비자는 이것도 금방 알아냅니다.

초기 가격이 낮아 보이지만 실제로 구매할 때는 추가 비용이 발생하는 경우가 있어요. 숙소 예약 앱에서 호텔을 고른 후 요금을 내기 위해 지불 버튼을 눌렀더니 그 앱에서 받는 수수료가 따로 있더군요. 광고할 때는 수수료를 뺀 금액을 표시하고, 결제할 때는 수수료를 합한 금액이 뜨는 것이지요. 이후로는 결제 금액이 광고 금액보다 많아진다는 것을 미리 계산하게 되었어요. 외국에서 식당 메뉴의 가격을 볼 때 나중에 팁이 붙는다는 것을 염두에 두고 주문해야 하는 것과 같은 원리입니다. 항공 요금도 그렇습니다. 요금이 적당해 보여 결제 버튼을 누르려 하면 유류할증료라는 항목의 금액이 자동으로 추가되지요. 결국 같은 금액을 내더라도 소비자는 기분이 좋을 리가 없습니다.

광고가 가짜로 제품을 추천하는 것도 알고 있나요? 자신이 써 보고 정말 좋아서 남에게 추천하는 일은 좋은 일입니다. 하지만 가짜로 추천하면 곤란하지요. 어느 유명 모델이 광고해서 믿고 샀는데, 나중에 알고 보니 그 모델은 실제 생활에서 다른 제품을 즐겨 쓰더라는 이야기는 차고 넘칩니다. 광고에서는 사실만을 이야기해야 합니다. 아니면 그런 광고를 한 사람의 식구들도 피해를 당할 수도 있

어요.

마지막으로 강요입니다. 어르신에게 보험 또는 상조 서비스 가입을 강요하는 일이 많아요. 연세가 많다거나 교통사고가 나면 더 많은 보상을 받으라는 이유 때문에 이러한 일이 발생합니다. 이는 소비자의 마음속에 있는 막연한 불안감과 공포심을 건드려 구매를 권유하는 것이지요.

다른 방법은 없을까요? 어떤 마케팅 방법이 좋거나 나쁘다는 단순한 분류에 얽매일 필요는 없습니다. 다만, 마케팅 메시지를 다 듣거나 보고 나서 나에게 불필요한 유혹은 과감히 떨쳐버리는 습관을 키우면 좋겠네요.

이런 광고, 괜찮을까

광고를 이해하는 방법

사람은 항상 공동체를 이루며 관계를 맺고 더불어 살아갑니다. 아무리 가까운 친구와도 좋은 관계를 오래 유지하려면 예의를 지켜야 해요. 그러려면 서로 각자의 영역을 침범하지 않게 심리적 거리를 두는 것이 좋습니다. 이는 서로를 존중한다면 당연히 지켜야 하는 것입니다.

소비자와 광고의 관계도 마찬가지입니다. 항상 광고는 소비자에게 먼저 말을 건넵니다. 그래서 광고는 더욱 조심해야 하죠. 친구로 맞이할 소비자를 위해 자신의 언행이나 태도를 살펴야 합니다. 선을 넘지 않도록 일정한 심리적 거리를 유지해야 하죠.

혹시 광고를 보면서 당혹스러웠던 경험이 있나요? 가끔 받아들이기 힘들거나 너무 과하게 어떤 영역에 치우진 광고도 있습니다. 그런 광고와는 친구가 되기 힘들죠. 차라리 직접 만들면 더 잘 만들 수 있을 것 같은 광고도 있어요. 그러면 직접 광고를 한 번 재구성해 보세요. 상상은 자유니까 마음대로 구성해도 상관없겠지요. 어차피 방송하거나 유튜브에 올릴 것이 아니니까요. 상상력을 발휘해서 스스로 광고 전문가가 되었다고 생각하고, 줄거리를 바꾸어 보는 것입니다. 이야기를 조금 비트는 것만으로도 광고를 이해하는 데 큰 도움이 될 거예요.

우선 광고 한 편을 선택해서 어떻게 내용을 바꿀지 고민해 보세요. 제품 빼고 모든 것을 새로 구성하는 것이죠. 한 번 상상해 볼까요? 30초 길이의 라면 광고가 있다고 가정해 봅시다. 기존의 라면 광고와 다르게 바꾸어야 하는데 어떻게 하면 좋을까요?

음식 광고는 소비자가 보는 순간 먹고 싶게 유혹해야 하지요. 그렇다면 모델이나 배경 모두 삭제하고 30초 동안 맛있게 끓는 라면만 '클로즈업'* 해서 보여 주면 어떨까요? 물론 보글보글 끓는 소리도 나와야 하겠지요. 마지막에 라면 이름만 살짝 나오게 합시다. 조

클로즈업 피사체에 가까이 접근해 찍은 장면 또는 피사체를 화면 가득 포착한 장면을 말한다. 클로즈업은 영화에서 볼 수 있는 기법으로 연기의 일부나 사물을 확대해 관객에게 보여 준다. 클로즈업은 대상을 강조하며 관객을 장면 속으로 끌어들여 극적인 효과를 더한다.

금 심심한가요? 그러면 끓는 라면 위로 갑자기 달걀 한 알을 터트려 보죠. 그래도 심심하다면 달걀을 넣을 때 효과를 표현해도 좋겠습니다. 가령 달걀이 라면에 닿아 국물이 솟는다든가, 라면에 넣은 라면이 점차 위로 떠오르는 장면을 넣어도 좋겠어요. 혹은 달걀이 깨지는 순간에 흥을 돋우는 음악을 삽입하면 소비자에게 더 효과적으로 닿을 수 있겠습니다. 잘 아는 노래로 소비자의 관심을 끌면서 맛있게 끓는 라면을 보여 주고 식욕을 자극하는 것이죠.

이처럼 소비자의 구매 욕구를 불러일으키려면 단순하면서도 전달하고자 하는 바가 강해야 합니다. 복잡한 요소가 많을수록 짧은 시간에 전부 보여 주기 어려우니까요. 방금 함께 상상해 본 광고는 30초 동안 라면만 보여 주면 되니까 제작비도 적게 들 것입니다. 호주나 유럽에 가서 찍을 필요도 없고요. 아, 음악 저작권료를 내야 하겠네요. 괜찮아요. 유명 모델을 기용하지 않아서 모델 비용을 쓰지 않았으니까요. 광고에 들어갈 비용도 함께 생각해서 상상한다면 더욱 구체적이고 현실적인 광고를 만들 수 있을 것입니다.

즐거운 상상이었죠? 여러분도 기존의 광고를 보고, 마음에 들지 않는 부분을 고치거나 마음대로 다시 만들어 보는 연습을 한번 해 보세요. 상상만으로도 창의력이 쑥쑥 오를 거예요. 아무것도 없는 백지상태에서 아이디어를 내려면 어렵지요. 그런데 이렇게 남이 만든 광고를 해체해 보고, 재구성해 보면 부담이 없어요. 이런 상상은 재미도 있고, 비판 능력도 키울 수 있지요. 남의 아이디어에 무턱대고 시비를 거는 것이 아니라, 새로운 시각으로 다시 창조해 보는 것입니다. 세상에 없던 새로운 것만 내는 것이 아이디어의 전부가 아니에요. '이미 있던 것들을 내 시각으로 새롭게 결합하는 것'이라는 아이디어의 정의를 항상 생각해 봅시다.

타인을 위하는 광고

기존의 광고를 새로 구성해 보고, 다듬는 것은 중요합니다. 광고를 제작하기 위해서만이 아니라, 타인을 위한 일이 될 수도 있기 때문입니다. 최근 게임 광고에서 유난히 여성 모델이 많이 나오고 있는 것을 본 적 있나요? 그것도 신체 일부를 과장한 그래픽을 사용한 모습으로 말이죠. 제품을 팔기 위해 광고에서 성을 지나치게 상품화한다는 생각이 들지 않나요? 사람들은 '양성평등'이라는 개념을 잘 알고 있습니다. 하지만 아직도 성을 상품화하는 광고가 더러 있어요. 여러분이라면 이러한 광고를 어떻게 재구성하시겠어요?

다른 사례로는 남성 중심의 가부장제에서 벗어나지 못한 광고도 있어요. 이러한 광고는 인물 또한 전형적입니다. 남성은 돈을 버는 가장으로 존중받고, 여성은 집안일을 하는 수동적인 구성원으로 묘사하는 광고도 아직 많아요. 한국의 많은 가정에서 볼 수 있는 가정의 모습이어서 쉽게 지나칠 수 있어요. 하지만 시대가 변하고 있고,

영화 〈슬럼독 밀리어네어〉 촬영지 인도 뭄바이의 빈민가 다라비

빈곤 포르노는 어려운 상황에 처한 사람들을 자극적으로 묘사해 동정심을 유발시키는 모금 운동, 마케팅을 뜻한다. 이는 1980년대에 '자선 캠페인의 황금기'가 시작되면서 알려졌다. 자선 캠페인은 가난하고 아픈 어린이 사진 같은 강렬한 이미지를 사용해 광고하는 것이 특징이다. 하지만 일부 관찰자가 만성 빈곤을 지나치게 단순화했다고 비판하면서 문제가 드러나게 되었다.

빈곤 포르노는 문제를 겪는 사람들의 극단적인 모습을 묘사해 감정에 호소함으로써, 이들을 동정의 대상으로 격하시킨다는 문제가 있다. 고정된 편견과 부정적인 인식을 강화하고 빈곤한 이들의 자존감을 손상시키기도 한다.

이러한 점이 문제라는 것도 많은 사람이 알고 있어요. 변화하는 시대에서 시대착오적인 광고는 뒤처지게 됩니다. 광고를 제작하거나 새로 구성할 때마다 항상 이러한 전근대적인 생각이 광고에 가득하진 않은지 스스로 질문해야 해요.

또 광고를 더 잘하고 싶은 마음에서 실제 상황인 것처럼 소개하고는 배우를 기용해 연출한 상황을 보여 주는 자선단체 광고도 있어요. 불우한 이웃이나 어려운 외국 아이들을 돕기 위해 기금을 모집하려는 목적으로 광고를 하는 것인데요. 아역 배우를 모델로 써서 단칸방에서 병든 할머니를 간병하는 어린이의 이야기를 연출하는 광고가 더러 있습니다. 불우한 이들을 돕는다는 목적으로 하는 활동이니 이해해야 할까요? 여러분의 생각은 어떤가요? 이러한 광고는 '빈곤 포르노'라고 불리는 사회 문제이기도 합니다. 그러니 더는 빈곤 포르노에 기대지 않고 새로운 광고를 자신만의 시각으로 재구성해 봐도 좋겠어요.

광고에서 이런 고민까지 해야 하냐고 생각할 수도 있어요. 하지만 광고는 워낙 영향력이 큰 매체거든요. 무심코 만든 광고 아이디어가 어떤 이에게는 커다란 피해로 다가갈 수 있어요. 양성평등의 감각을 갖추는 일이나, 다른 사람에게 폐를 끼치지 않으며 살아가는 자세를 갖추는 일은 어렵지 않아요. 내가 느끼거나 발견한 작은 문제점에서 시작하는 것이지요.

오늘부터 광고를 볼 때 왜 게임 광고 속의 여성 주인공은 비키니를 입는 건지 스스로 질문해 보세요. 지금 필요하지 않은데 심리를 자극하는 것은 아닌지도요. 세상을 무조건 비뚤어진 시선으로 볼 필요는 없습니다. 하지만 앞서 소개한 것처럼 매사에 '균형 잡힌 관점'이 필요해요. 남의 주장을 무조건 믿는 자세를 지양하고 따져 보는 연습이 필요합니다. 그러면 현명한 광고 기획자가 될 수 있고, 동시에 현명한 소비자로서 자신의 권리를 올바르게 행사할 수 있을 거예요.

누구도 상처받지 않는 광고를 만들어야 해.
고통만 강조하지 말고,
제품이나 제품을 사용하는 사람들의
힘과 가능성을 보여 주는 것이 더 필요하다는 말이야.

생각하는 힘은 무엇으로 기를 수 있을까

무엇을, 누구에게, 어떻게

광고 한 편을 만들기 위해서는 수많은 전문가가 활약합니다. 모두 광고 아이디어를 잘 내는 생각의 전문가들인데요. 그래서 광고회사에서는 '아이디어'라는 말을 하루 종일 입에 달고 삽니다. 도대체 광고 아이디어는 무엇일까요? 아이디어는 말 그대로 광고를 만들기 위한 생각입니다. 광고 특성상 짧은 시간에 압축해서 강한 메시지를 전달해야 하죠. 그런데 광고 아이디어를 내는 능력은 많이 연습할수록 커져요.

"당신의 아이디어를 명함 뒤에 요약할 수 없다면, 그것은 아이디어가 아니다"라는 말이 있습니다. 이처럼 복잡한 아이디어를 짧게 줄일 수 없다면, 우선 2초 안에 나의 아이디어의 핵심 키워드를 던지는 연습을 해 보세요. 상대가 나의 아이디어에 관심이 있다면 듣고서는 설명해 보라고 요구할 테니까요. 이것이 '광고식 말하기'입니다. 그렇다면 광고회사에서 아이디어 내는 방식도 배워 볼까요?

광고 전략에는 세 가지 필수 요소가 있습니다. 바로 '2W 1H'입니다. 2W 1H란 '무엇을What, 누구에게Who, 어떻게How'를 줄인 것입니다. 광고를 하기 위해서는 먼저 무엇을 말할지 생각해야 합니다. 다음으로 누구에게 말할지 정합니다. 마지막으로 어떻게 표현할지 고민해야 해요. 머릿속의 아이디어는 워낙 복잡해서 말이나 글로 표현하기가 어렵지요. 그러므로 우선 아이디어를 정리해서 하고 싶은 말 한 줄로 압축해 봅시다. 그것을 광고에서는 '슬로건Slogan'이라 부릅니다. 광고하는 제품이 소비자에게 무슨 말을 전하고 싶은지 한마디로 요약해 표현하는 것이지요. 하고 싶은 말이 많겠지만, 단 한 가지만 이야기하는 것이 좋습니다. 그래야 기억해 줄 테니까요.

미국의 전 대통령 버락 오바마Barack Obama는 '바꿉시다Change'라는 한 마디 슬로건으로 선거에 이겨 대통령을 두 번 연임했지요. 스포츠 브랜드 나이키Nike의 슬로건도 유명해서 들어 본 적 있을 거예요. 바로 '그냥 해Just Do It'죠. 나이키의 슬로건이 처음 공개되었을 때 소비자는 무엇을 그냥 하라고 말하는 것인지 궁금해 했어요. 물론 무엇을 할지는 자기 마음대로지요. 일부러 모호하게 만든 나이키의 슬

슬로건

미국의 전 대통령 버락 오바마는 대선 선거 기간 내내 'Change'라는 구호를 내걸었다. 오바마의 슬로건은 미국의 사회적, 정치적 현황을 개혁하고 더 나은 미래를 향해 나아가겠다는 의지를 담고 있다. 오바마의 당선 자체가 미국 독립 이후 232년 만에 흑인 후보의 대통령 당선이라는 거대한 변화의 시작이었다. 이는 변화를 바라는 미국인들의 심리를 저격했다.

이처럼 슬로건은 핵심 메시지를 간결하게 전달해 사람들의 마음에 큰 울림을 준다. 슬로건은 특정 가치나 목표에 공감하도록 만드는 힘이 있어 더욱 중요하다. 잘 만든 슬로건은 집단의 정체성과 목표를 확실하게 보여 준다. 그래서 사람들을 하나로 모아 함께 행동하게 부추기는 동기부여의 역할을 하기도 한다.

로건은 곧 세계의 소비자들에게 공감을 얻었어요. 길게 설명하지 않아도 운동을 하라는 뜻임을 소비자가 알아차린 것이죠. 나이키는 스포츠 브랜드인데도 운동화나 운동복, 축구공 사라는 이야기는 하지 않아요. 대신 이런저런 핑계 대지 말고 움직이자, 운동하자는 이야기를 넌지시 던지는 것입니다. '무엇을' 이야기할지 참 잘 정리했지요? 1988년부터 이어져 온 이 광고의 메시지는 명확하고 간결해요. 시간이 지나자 그것도 길어서 광고에서 'JDI'라고 적어놓았더군요. 'Just Do It'을 그렇게까지 줄이다니. 요즘에는 광고에서 아예 슬로건을 빼버렸어요.

나이키의 경쟁 제품 아디다스Adidas의 슬로건은 '불가능은 없다Impossible is nothing'입니다. 마음만 먹으면 무엇이든 가능하다는 뜻이죠. 이 슬로건은 도전을 극복하고 한계를 뛰어넘으며 위대함을 성취할 수 있도록 격려합니다. 세상에 불가능이 없을 리가 없지요. 하지만 일단 저렇게 선언하고 나면 누구나 도전을 극복하고, 한계를 뛰어넘고, 자신이 선택한 분야에서 탁월함을 발휘하고자 노력하게 되지요.

애플Apple의 '다르게 생각합시다Think Different'라는 슬로건도 유명합니다. 새로운 아이디어 내기란 참 쉬워요. 일단 원래 있던 것과 다른 아이디어를 내면 되니까요. 다르게 생각하자는 말은 아이디어의 정의이기도 하지요. 늘 생각하던 대로 하지 말고, 틀에 박힌 사고에서 벗어나 남들과 다르게 생각하도록 권장하는 아이디어죠. 애플 역시 컴퓨터와 스마트폰을 팔지만, 소비자에게 제품을 직접 사라고 말하

지 않습니다. 그것들을 활용해 새로운 생각을 해내는 데 도전하라는
아이디어를 잘 담았지요.

소비자를 겨냥한 슬로건

꼭 제품이나 서비스만 슬로건이 필요한 것은 아닙니다. 사람에게도
필요하죠. 여러분은 어떤 슬로건으로 자신을 표현하고 싶은가요?
한번 생각해 보세요. 이미 배운 대로, 짧고 강력하게 압축해서 표현
해야 좋겠지요?

  빈 종이에 나의 강점과 약점을 적어 보세요. 여러 가지가 있을 것
입니다. 거기서 약점은 과감히 지우고 강점을 한 가지만 정하세요.
그러면 끝입니다. 다른 강점도 있지만 다 버리고 딱 하나만 뽑는 것
입니다. 그것으로 말을 짧게 줄이는 것이지요. 쉽지요?

  만일 나의 장점이 '국어를 잘한다'라면 그것을 짧게 표현하면 됩니
다. 충분히 짧다고요? 더 줄일 수 있습니다. '국어의 왕!'이라고 한다
면 어때요? '국어 왕'이 더 짧네요. 수학이나 영어, 체육도 국어처럼
잘한다고 해도 하나만 내세워야 사람들이 확실히 기억해 준답니다.

  저의 슬로건은 '아이디어 코치an Idea Coach'입니다. 가장 좋은 아이
어를 매번 낼 수는 없지만, 저는 아이디어를 잘 내고 싶은 사람들에
게 오랜 경험과 시행착오로 배운 다양한 방법을 알려주고 있지요.

다음으로 '누구에게' 말할지를 정해야 합니다. 광고에서는 광고할 제품도 중요하지만, 그 제품을 필요로 하는 소비자도 중요하거든요. 그렇다면 누구에게 광고를 해야 효과적일까요? 그래서 광고를 하기 전에 제품을 사용할 소비자인 '타깃 오디언스Target audience'를 정합니다. 광고 메시지를 전달하고자 특별히 겨냥하는 소비자들의 그룹이죠. 만약 초콜릿 광고를 한다고 가정해 봅시다. 초콜릿을 좋아하는 소비자가 한두 명이 아닐 텐데, 어떻게 범위를 좁힐 수 있을까요? 그래서 몇 가지 요소를 생각해서 나누어야 합니다. 타깃 오디언스를 명확하게 이해해서 그들의 필요와 관심사에 맞게 메시지를 맞춤 설정해야 효과적이니까요.

예를 들어, 타깃 오디언스가 젊은 성인인 경우, 신문이나 잡지는 잘 보지 않을 듯해요. 그러니 틱톡이나 인스타그램 같은 소셜 미디어 플랫폼을 활용한다면 다가가기 쉬울 것입니다. 타깃 오디언스가 젊은 부모인 경우에도 육아 잡지보다는 가족을 다루는 인터넷 커뮤니티에 초콜릿 광고를 게재하면 더 좋은 효과를 볼 수 있어요. 이처럼 고객의 성향에 따른 세심한 분류가 필요합니다.

타깃 오디언스를 세부적으로 설정하기 위해서는 먼저 소비자의 '인구통계학적 특성'을 조사합니다. 그러니까 광고를 전하고 싶은 소비자의 나이, 성별, 소득, 교육, 사는 곳 같은 요소를 알아보는 것이지요. 다음으로는 '심리학적 특성'을 조사해 봅니다. 타깃 오디언스가 어떤 생활 습관과 가치관을 가지고 있는지, 무엇에 관심이 많은지 같은 심리적 요소를 알아보는 것이죠. 또, 그들의 '행동'에는 어떤 특성이 있는지도 연구합니다. 어떤 제품이나 서비스를 사용하고 구매하는지, 광고할 제품을 알고 있는지도 조사해요. 하지만 타깃 오디언스를 연구하겠다고 모르는 소비자의 민감한 개인 정보를 마구 수집할 수는 없어요. 그래서 개인정보보호법에 해당하지 않는 자료를 모읍니다. 이메일이나 회원 가입을 할 때 했던 마케팅 동의가 바로 이러한 정보를 제공하겠다는 의미입니다.

마지막으로는, '어떻게' 표현할 것인지 정합니다. 이미 정한 메시지와 타깃 오디언스의 취향과 관심사에 맞는 아이디어를 내야 하니까요. 효과적인 광고 아이디어는 제품이나 서비스를 경쟁사와 차별화합니다. 다른 제품들보다 더 독특하고 신기한 방법으로 아이디어를 표현해야 소비자의 이목을 끌 수 있어요. 광고를 본 소비자의 감정도 자극해야겠지요. 그렇다면 광고 아이디어에서 가장 중요한 목적은 무엇일까요? 소비자가 제품이나 서비스를 구매해 주는 일입니다. 그 전에 광고를 보고 제품의 웹사이트에 방문하게 하거나 여러 가지 이벤트에 참여하게 만들어야 하지요.

오래 기억에 남는 이야기

광고 아이디어를 구체적으로 어떻게 표현해야 할까요? 앞에서 이미 기억에 남을 만한 슬로건을 하나 제시했잖아요. 이왕이면 귀를 사로잡는 '징글Jingle'도 개발하면 좋습니다. '징글'이란 광고에 쓰이는 음악입니다. '징글 벨Jingle Bells'이라는 크리스마스 캐럴에도 나오지요? 캐럴에서는 썰매의 '땡그랑땡그랑'거리는 소리가 바로 징글입니다. 광고에서도 단순한 멜로디나 음악을 반복적으로 써서 소비자가 기억하기 쉽게 만들어요. 반도체 회사 인텔 인사이드Intel Inside는 광고의 마지막에 네 개의 음으로 된 징글을 써서 전 세계인에게 익숙하게 다가갔지요. 넷플릭스Netflix도 두 개의 음으로 만든 소리로 영상의 시작을 알려요.

이렇게 징글을 마련했다면 매력적인 스토리텔링도 필요합니다. 가끔 친구에게 재미있는 이야기를 듣고 다른 친구에게 전할 때 더욱 실감 나게 말해주는 친구가 있지요. 이야기를 듣는데도 더 듣고 싶게끔 하는 능력은 광고에도 필수적으로 필요합니다. 그렇다면 스토리텔링 능력은 어떻게 갖출 수 있을까요?

스토리텔링도 연습이 필요합니다. 뻔한 이야기를 재미있게 전달할 나만의 방법을 연구해 보세요. 아이디어의 수준이나 내용과 상관없이 친구들에게 인기를 얻을 수 있답니다. 상대에게 이야기를 실감 나게 전달할 수 있는 능력은 현대 사회에서 꼭 필요합니다. 여러분도 아이디어를 발표할 때 이왕이면 유머를 곁들여 보세요. 이야기에 유머를 담는 것은 기본이지요. 심각한 주제일수록 유머는 꼭 필요합니다. 엄숙한 상황일수록 유머는 효과를 발휘합니다. 아무것도 아닌

작은 유머 요소가 불필요한 긴장감을 단숨에 지워주거든요.

'아이스 브레이킹Ice braking'이라는 말 아시지요? 쓸데없이 엄숙하고 진지한 분위기에서는 아무리 좋은 아이디어라도 전달하기 어렵습니다. 평소에 작고 소소한 재미있는 이야기를 많이 수집했다가 발표 때 활용해 보세요. 효과적입니다. 이와 관련된 흥미로운 일화도 있어요. 어떤 이벤트 진행자는 아이디어가 막혀 아무 준비도 하지 못한 채 행사장에 갔대요. 드디어 객석에서 무대에 올라가야 하는 순간이 되었죠. 그때까지도 무슨 이야기로 시작해야 할지 아이디어가 떠오르지 않았다고 해요. 그러다가 무대로 올라가는 작은 계단에서 넘어지고 말았어요. 사람들은 그의 실수를 보고 웃음을 터뜨렸죠. 물론 일부러 넘어진 것이었지요. 덕분에 그날 이벤트는 잘 진행되었다고 합니다.

이처럼 광고에서도 유머를 이용한 스토리텔링이 중요합니다. 광고에서 인상 깊었던 강력한 이야기 하나로 소비자에게 제품을 각인시킬 수 있거든요. 그렇기에 나만의 이야기를 전달하는 연습을 계속한다면, 특별하고 유일한 광고를 만들 수 있을 거예요. 모든 사람은 각자의 이야기를 가지고 있고, 그 이야기는 모두 달라서 특별하니까요.

광고 ON: 문해력 기르는 꿀팁

최근 방송이나 소셜 미디어에서 우리나라 학생들의 국어 실력이 갈수록 떨어지고 있다는 말이 많이 나오고 있습니다. 비단 학생뿐만 아니라 성인도 마찬가지입니다. 이는 학생들의 '문해력'에 문제가 있다는 뜻이지요. 어느 학생은 '금일今日'까지 숙제를 제출하라고 했는데, '금요일'까지 내면 된다고 착각했다고 해요. 금일은 한자어로 '오늘'이라는 의미잖아요. 이러한 사례는 한둘이 아닙니다. 또 어느 학생은 '심심甚深한 사과'라는 말을 듣고 "사과apple가 어떻게 심심한가요?"라고 선생님께 되물었다고 해요. 심심이라는 한자어는 '심할 심甚'과 '깊을 심深'을 합친 말이잖아요. 해석하자면 '정말 깊은 마음으로 사과한다'는 뜻입니다. '족보'를 '족발, 보쌈 세트'라고 하거나 '가로등은 세로로 서 있는데 왜 가로등일까?' 같은 말을 하는 사례도 있습니다. '가로街路'는 시가지의 도로, 즉 거리라는 뜻이잖아요. 이는 한자를 모른다거나, 단어의 뜻을 몰라 발생한 실수입니다. 게다가 언론에서 대중의 주의를 끌기 위해 문해력 문제를 과장한 탓에 학생들이 긴장한 것일 수도 있죠. 어른들도 틀리는 경우가 있으니 너무 부끄러워할 필요는 없습니다.

다만 문제가 있다면 해결하면 좋겠지요? 단어나 한자를 몰라도 잘 살 수 있다거나, 어려운 단어를 괜히 있어 보이기 위해 사용한다고 생각해서는 안 됩니다. 잘못을 아는데도 고치지 않는 것만큼 큰 문제는 없거든요. 몰라서 배우는 것을 부끄럽다거나 필요 없다고 생각하면 자신의 능력을 키울 수 없습니다. 그렇다면 어떤 방법으로 문해력을 기를 수 있을까요?

가장 쉬운 방법은 '독서'입니다. 최근 2023 국민 독서 실태 조사 결과에 따르면 성인들은 연간 약 4권을 읽는다고 합니다. 계절이 바뀔 때마다 한 권씩 읽는다는 말이죠. 참고서를 제외하면 학생들은 성인보다 조금은 더 읽는다고 합니다. 날이 갈수록 독서하는 인구가 줄어드는 시대에 왜 독서가 중요한 것일까요? 글자를 읽으면 자연스럽게 생각할 수 있기 때문입니다. 처음 보거나 낯선 단어를 머릿속에 넣고, 그 단어가 무엇인지 찾아가면서 열정적으로 독서를 하다 보면 어느새 쉬운 표현만 사용하던 언어 습관을 바꿀 수 있어요. 습관이 바뀌면 성격이 바뀐다고 하죠. 성격이 바뀌면 운명도 바꿀 수 있습니다. 유명한 철학자 '윌리엄 제임스William James'의 명언입니다. 이처럼 독서는 단어나 문장을 읽음으로써 문해력을 기르는 데 도움을 줍니다.

처음부터 두껍고 어려운 철학이나 공학 이론을 읽으라는 말이 아닙니다. 만화책도 좋고, 동화책이나 소설책, 시집도 좋습니다. 하루에 한 장씩 읽는 연습을 하다가 점차 읽는 양을 늘리는 거예요. 시간이 없다면 하루에 반쪽이라도 읽읍시다. 책을 읽고 생각이나 소감을 종이에 직접 쓴다면 더욱 좋겠죠. 이를 '금상첨화錦上添花'라고 합니다. 값비싼 비단 위에 꽃까지 더 얹어 준다는 뜻이죠. 힘들어도 읽고 생각을 남겨 보세요. 종이에 직접 쓰는 게 불편하다면 스마트폰 메모장에 적어도 좋습니다. 이렇게 읽고 쓰다가 작가가 될 수도 있어요. 과장하는 것 같나요? 유명한 말도 있잖아요. "작가란 오늘 아침에 글을 쓴 사람이다." 이 명언은 꼭 아침에 글을 쓰라는 말이 아닙니다. 매일 자신이 책을 읽고, 느꼈던 감정을 쓰는 것만으로도 작가라는 뜻입니다.

책을 많이 읽고 생각을 쓴다면 문해력만 좋아지는 것이 아닙니다. 읽고 이해하는 능력인 문해력이 좋아진다면 누군가를 설득하는 것 또한 쉬워집니다. 설득의 귀재가 되는 것이죠. 각 분야에서 성공한 사람들은 기자와 인터뷰할 때도 인상적인 대답을 합니다. 미리 답을 준비하는 경우도 있지만, 예상하지 못한 돌발적인 질문에도 놀라지 않죠. 많이 읽고, 쓴 사람만이 갖출 수 있는 능력입니다. 이는 외모와 학력, 재산하고는 관계가 없습니다. 자신이 처한 상황을 잘 파악하고 재빠르게 반응하는 실력은 문해력이 뒷받침되어야 합니다. 좋은 광고를 제작하는 것도 이러한 문해력이 뒷받침되어야 하죠.

독서를 어려워하지 말고 조금씩 도전해 보세요. 요즘은 '텍스트힙'이라는 말도 있잖아요. 독서하는 것이 멋지다는 의미에서 등장한 말입니다. 우리나라에도 드디어 노벨 문학상 수상자가 등장하면서 독서 열풍이 불었잖아요. 유행이라서 책을 읽는다거나, 남에게 과시용으로 보여 주기 위한 독서라고 해도 좋습니다. 한 번의 독서가 여러분의 인생을 바꿀 수도 있어요. 독서를 사랑하게 되면 빠져나올 틈이 없거든요. 그러니 독서하는 멋있는 사람이 되어 보세요. ◉

이미지 출처

※ 본문에 쓰인 대부분 사진과 그림은 위키미디어 커먼즈, 셔터스톡에서 가져왔습니다. 다음 사진만 저작권을 표기합니다.

● 서울경찰청 형사과 : 126쪽

이외에 저작권 있는 사진이 쓰였다면, 저작권자가 확인되는 대로 허락을 받고, 저작권료를 지불하겠습니다.

꼬리에 꼬리를 무는 광고 이야기

초판 1쇄 발행 2024년 12월 30일

지은이 | 정상수
펴낸곳 | (주)태학사
등록 | 제406-2020-000008호
주소 | 경기도 파주시 광인사길 217
전화 | 031-955-7580
전송 | 031-955-0910
전자우편 | thspub@daum.net
홈페이지 | www.thaehaksa.com

편집 | 조윤형 여미숙 김태훈
마케팅 | 김일신 김민선
경영지원 | 김영지

ⓒ 정상수, 2024. Printed in Korea.

값 14,800원
ISBN 979-11-6810-325-2 43320

"주니어태학"은 (주)태학사의 청소년 전문 브랜드입니다.

책임편집 김태훈
디자인 이유나
그림 시농